論集文字【第1号】改訂版

漢字の現場は改定常用漢字表をどう見るか

文字研究会【編】

ポット出版

論集文字　第1号 改訂版●目次

ポット出版本への序……4

はじめに……7
小形克宏（フリーライター）

第1章　**「現場」から考える**

新聞表記と常用漢字表改定……26
比留間直和（朝日新聞社）

国語教育の現場から
改定常用漢字表を考へる……51
前川孝志（都立若葉総合高校教諭）

改定常用漢字表で
情報システムはどうなるのだろう？……66
関口正裕（富士通株式会社／ITSCJ SC2専門委員会）

第2章　**「漢字調査」から考える**

ウェブ上における使用実態統計から
改定常用漢字表を考える……84
萩原正人（バイドゥ株式会社プロダクト事業部）

【資料紹介】漢字出現頻度数調査……114
師茂樹（花園大学）

付録　**改定常用漢字表（文化審議会答申）抜粋**……137

プロフィール……164

ポット出版本への序

本書は2011年5月に文字研究会[▶1]を版元として刊行された『論集文字』第1号（以下、文字研本）の再版である[▶2]。文字研本そのものの成り立ちは、「はじめに」をご参照いただくとして、ここではポット出版から再版されるに至った経緯を短く述べておきたい。

2010年は電子出版元年が喧伝された年だが、この文字研本もそれと無縁ではなかった。人もすなる電子書籍といふものを、我もしてみむとてするなり……という訳で、友人の大石十三夫氏他とともに、てんやわんやで繰り広げたEPUB制作は、今でも楽しい思い出である。

しかし無情にも結果は惨めなものであった。販売総数は、この執筆時点でわずか34冊。原因は宣伝不足や、880円という価格設定、販売サイトが独立系のDL-Marketという良くも悪くも「なんでもあり」の場所であったこと等々、さまざまな要因が考えられるが、私の判断が甘かったことに変わりはない。深く責任を感じる次第である。

わけても面目が立たないのは、寄稿してくださった執筆者諸氏に対してだ。版元の身びいきを割り引いても、収録された原稿は、決して34人だけが読んで終りにしてよいものと思えない。

商売としては残念な結果におわったが、それはそれとして、これらの原稿を今後も多くの人が読める状態にしておく必要がある。そうした意味からは、はたしてこれまでのような不十分な形での販売をつづけることが、本書の原稿たちにとって幸せなことなのかどうか。

この度の失敗を一言でいうと、「ものを作ることができるからといって、ものを売れるわけではない」ということのように思う。やはり餅は餅屋。ここは本売りのプロである出版社に丸ごと身請けしてもらい、きっちり売っていただくようにするのが一番ではないか。そう考えて旧知のポット出版、沢辺均社長に声をかけ、幸い快諾を得て成ったのが本書である。

沢辺社長には落穂拾いを押し付けるような形になってしまったが、引き受けるにあたって「良い原稿にアクセスできるようにし続けるのも出版社の機能」と言ってくださったのが印象に残っている。さらに当初考えていた電子書籍の再版の他、「原稿料や印税は出せないが、それで良いなら」といって紙版による再版をも提案されたのは、この本の売れ行きが見込めないことを知っている私にとっては、むしろ「太っ腹！」であって感謝にたえない。

そのような経緯で、このポット出版本は世に出ることになった。再版にあたって最も大きな変更があったのが、関口正裕氏の「改定常用漢字表で情報システムはどうなるのだろう？」であろう。文字研本ではスライド資料をそのまま掲載したが（詳細は「はじめに」参照）、ポット出版本ではシンポジウムでの発表を文字起こしして掲載した。結果としては、文字研本よりもレベルアップしたと言える。その他の原稿は文言を多少手直ししたが、初版と大きく異なるものではない。

ポット出版本における、紙版と電子書籍版の違いも述べておく。紙版においてはページ数の都合により付録の改定常用漢字表は答申本文のみを掲載している。対して電子書籍版では文字研本そのままに、漢字表もふくめ答申全文を掲載している。その他の違いはない。なお、電子書籍版の刊行だが、紙版の発売と前後してまず PDF 版を、ついで版元ドットコムストアでの体制が整い次第 EPUB 版を刊行する予定だ。

さて、この原稿を書いている今も、東日本大震災の爪痕は深く残っている。本書、ポット出版本と引き換えに文字研本は販売を終了させ、この時点の売り上げの一定額を東日本大震災への義援金として寄附する予定だ。このことは「はじめに」の追記で書いた。同様に寄付先や金額等については文字研ホームページで報告するつもりだ。ただし、前述した私の力不足により、寄付できるのは雀の涙ほどであろうことを情け無く思う。ただし、引き続きポット出版本の電子書籍版では売り上げの一部を寄付する予定だ（前述のとおり紙版は稿料等が発生しない）。その意味からも、出版社に販売を託したことが良い方向に転がればよいのだが。

では、再版によって本書が一人でも多くの読者に巡り会うことを祈りつつ筆をおきたい。

2012年5月22日
小形克宏（文字研究会）

注

［1］「文字研究会」（https://sites.google.com/site/mojiken/home）
［2］「電子雑誌『論集文字』第1号を販売開始します」（https://sites.google.com/site/mojiken/shuppan-butsu/ronshu_moji_no1）

はじめに
改定常用漢字表を考える意味

小形克宏◉フリーライター

私たち文字研究会は、2010年８月に『第５回ワークショップ：文字――「現実」から見た改定常用漢字表――』というイベントを主催した。常用漢字表の改定をテーマとした研究発表の場としては、数少ないものの一つだったように思う。本書は、そこでの発表者に同じテーマで書き下ろしていただき、電子書籍化したものだ（一部は発表時の画面資料をそのまま掲載している）。本書を開くにあたって、その意図をお伝えしておきたい。

1　〈第1章「現場」から考える〉について

1-1　なぜ「現場」なのか？

常用漢字表とは、〈一般の社会生活において現代の国語を書き表すための漢字使用の目安〉[▶1]を政府が定めたものだ。国や地方自治体が作成する公用文では、これにもとづいて漢字を使うことが決められており[▶2]、また文部科学省の管轄する学習指導要領、法務省の人名用漢字、経済産業省のJIS文字コードはこれに依拠している。つまり常用漢字表は日本の言語政策の根幹をなすものと言える。

常用漢字表の本体は、１字ずつの字体、音訓、語例等を示した「本表」であり、そこに収録された漢字を「常用漢字」とよぶ。1981年に1,945字を収録したものが制定された後、長く変更されないままだったが、2010年11月30日、29年ぶりに5字を削除して196字を追加する改定がおこなわれた。この結果、新しい常用漢字表は2,136字となった[▶3](以下、改定後のバージョンを『改定常用漢字表』とよぶ)。

改定の審議は文化庁が管轄する文化審議会の下部組織、漢字小委員会が5年をかけておこなった(その答申『改定常用漢字表』を巻末に収録しているので、ぜひご参照いただきたい)。私が最初に漢字小委員会を傍聴したのは、2006年5月の第7回委員会だった。それ以来、2010年4月の第42回まで審議を見てきた。この間、自らのブログ『もじのなまえ』[▶4]で傍聴記を書いたこともあり、改定常用漢字表についてはそれなりに分かった気になっていた。

しかし同時に、そんな自分にいささか疑問を覚えていたことも確かだ。たかだか審議を傍聴していたからといって、いったい何が分かっているというのだろう？　いや、もしかしたら単に知っているつもりになっているだけではないか。

そんな私が、改定常用漢字表に関する研究発表会の企画を担当することになった時、真っ先に考えたのは、自分に持ち得ない専門性を持った方々に、それぞれの立場から改定について語っていただくことだった。しかし、もちろんそれだけでは企画は成り立たない。そこで考えたキーワードが「現場」であった。ワークショップを告知するウェブページに、私は次のような文章を書いた。

　　　現行の常用漢字表の制定は29年前の1981年です。

> その頃と現在とでは、地殻変動的な変化がおきていることは、誰の目にも明らかです。その最も大きなものがインターネットや、種々の情報機器のコモディティ化でしょう。今回の改定もこうした社会全体の変化に対応しようとするもののようです。しかしこの「変化」とは、まだ誰一人として経験したことのないものであることに留意すべきです。
>
> そうであるならば、新しい常用漢字表について考えるには、旧来の本や資料から得た知識による前に、まず「現実」に目を向けることから始めるべきではないか。私たちはそのように考え、今回のワークショップを企画しました[▶5]。

つまり変革期であるからこそ、まず様々な「現場」で起きていることに目を向け、そこから改定常用漢字表を考え直してみようという趣旨である。ここでの執筆者の専門分野は、本書の掲載順に新聞（比留間直和氏／朝日新聞社）、教育（前川孝志氏／都立若葉総合高校）、情報処理（関口正裕氏／富士通）だ。いずれも常用漢字表とは切っても切れない、改定となれば真っ先に影響をこうむる職種だ。

1-2　新聞と改定常用漢字表

個人的にとくに注目していたのが新聞の比留間氏だった。よく言われるように、新聞界は戦後ずっと旧文部省／文化庁が推し進めてきた漢字表を中心とする言語政策（以下、国語施策）と、密接不可分の関係を保ってきたからだ。

新聞における用字用語政策が、いかに国語施策と蜜月関係にあったのか、ぜひ比留間氏の原稿をお読みいただきたいが、こうした関係を続けられた理由は、両者の中核的な思想が共通していたからだろう。そして、それを一言で表したものが、比留間氏が本稿で取り上げた「漢字表の範囲で書く」ではないか。同時にこれは、改定常用漢字表を理解する上でも大きな手がかりとなるように思える。

よく常用漢字表のマイナス面として挙げられるのが、従来あった表記を別のものに置き換える「代用表記」の問題だ[▶6]。詳しくは比留間氏の論考にゆずるが、例えば本来の表記「編輯」のうち、「輯」が漢字表にないので、代用として「編集」という表記が考案された、というようなものだ。他にも企劃→企画、聯合→連合等、たくさんの例がある。

代用表記は「漢字表の範囲で書く」からこそ必要になったわけだが、これは歴史的に根拠のある表記を抹殺したとして、従来ことあるごとに悪評にさらされてきた。「辨、瓣、辯」の全てを別字である「弁」に統合した例[▶7]まであったことを考えると、代用表記を弁護する余地はないように思える。しかし物事には影があれば必ず光もある。

ここで考えたいのは、なぜ「漢字表の範囲で書く」必要があるのかということだ。それはこれまで新聞が、圧倒的な世帯普及率を誇ってきた歴史があるからだろう。つまり新聞の読者は世代や性別が異なる多様で大量の人々であり、常にそうした大多数に対し記事を正確に伝える方法が検討されてきた。そこで考えられたのが、社会でよく使われ、造語力も高い漢字の表を定め、「その範囲で書く」という手法だ。むずかしい漢字を使えなければ、むずかしい語も使えない。結果として誰にでも分かりやすい記事になるという発想だ。前述した代用表記は、その代償としてだけ正当化されることになる（逆に言えば、記事が難解であれば正当化されない）。

このように新聞は多様かつ大量の人々を対象とするゆえに、高い公共性が求められる。もちろんそれは国語施策も同様だ。常用漢字表を作るにあたり、公共性についてどのように考えられたのだろう。常用漢字表の審議段階である1977年に、国語審議会で漢字部会主査をつとめていた岩淵悦太郎は、その役割にふれて次のようなことを書いている。

> いかなる分野でも、いかなる場合でも用いられる漢字表ということでは、とても成り立ちそうもない。そうかと言って、「一般社会」ではあいまいに過ぎる。そこで、具体的に、法令・公用文書・新聞・雑誌・放送など、一般大衆を対象とする文章を書かなければならない分野で用いる表と考えた。（中略）
>
> これらは言わば公共的なものである。（中略）そのためには当然、受け手に理解され、事柄が受け手に伝わるものでなければならない。
>
> 私は、コミュニケーションの場を、“仲間うち”と“広場”とに分けて考えている。以上述べて来たことは言わば“広場”のコミュニケーションである[▶8]。

ここでは「広場」というキーワードを使って常用漢字表の役割とその公共性を説明している。改定常用漢字表を審議した漢字小委員会でも、その理念を「広場の言葉」という語で言い当てようとする発言が度々見られたが[▶9]、その直接の淵源は上記に見られる岩淵の理念だと考えられる。

ここで少しだけ脇道にそれると、岩淵は「仲間うち」より「広場」の方が価値は高いとか、いつでもどこでも「広場」のコミュニケーションをするべきだなどとは言っていないことには注意すべきだろう。彼が言うのは単に「場に応じたコミュニケーションの取り方がある」というだけだ。つまり広場の言葉が求められるのは、あくまで公共性が高い分野（たとえば国語施策や新聞）に限定される。この原稿でも立場は同じだ。実際、仲間うちなら難解な専門用語を使った方が、かえって伝わりやすいことも多い。

さて、話を戻して広場の言葉と代用表記について、もう少し拘ってみたい。たとえば戦前の大多数の日本人にとって「編輯、企劃、聯合」という表記は、ずいぶん書きづらいものだったのだろう。だから戦後すぐに代用表記が求められたわけだ。これは同時に、これらの語が表す概念そのものが、当時の人々には縁遠いものだったことを表していないか。一方で、ほとんどの現代人は「編輯、企劃、聯合」を読めないかもしれないが、「編集、企画、連合」なら簡単に書けるはずだ。これは、こうした言葉を私たちが自分のものとして使いこなしていることを意味するだろう。

つまり、私たちは「編輯、企劃、聯合」という歴史的に正統とされる表記（仲間うちの言葉）を失ってしまった代わりに、「編集、企画、連合」という簡単な表記（広場の言葉）を得たのみならず、その概念まで手に入れることができたのである。これが国語施策のもたらした光と影であるはずだ。比留間氏が論考の中で〈新聞表記を真に平易なものとすべく、終戦直後の新聞記者たちは窮屈な枠をあえて自らにはめ、“ことば直し”に取り組んだ〉と述べているのも、同様のことだと思われる。付け加えれば、その運用にあたって影と光を秤にかけ、新聞にとってはメリットの方が大きいとする現実的な判断があったはずだ。

このように広場の言葉には、代用表記をはじめとする影の部分と、大多数への伝わりやすさという光の部分が背中合せに存在する。したがってその規範化にあたっては、本当に「広場」を正確に捉えた上でのことなのか、つまり客観的なデータの裏付けがあるのかは、常にチェックする必要があるだろう。改定常用漢字表に関して言えば、これは第２章で取り上げる問題へとつながっていく。

私にとって「常用漢字表を考える意味」とは、広場の言葉が流通する中で、光と影のいずれが大きいのかを考えることに他ならない。

1-3　国語教育の現場から改定常用漢字表を考へる

２番目に登場する前川氏は、高校の国語教師だ。氏は学校教育における常用漢字表の運用実態を伝えてくれる。

そもそも常用漢字表の認知度は決して高くはない[▶10]。たとえ１字ずつの常用漢字（字種）をある程度知っている人でも、その音訓となると途端に怪しくなるのではないだろうか。しかし、知られているよりずっと音訓は重要である。前川氏が報告するのは、学校教育において音訓と字種が一体となって運用されている実態だ。

小学校の各学年で教える漢字については、学年別配当表という明確な表がある[▶11]。しかし、中学校や高校について、学習指導要領はじつにあいまいな基準しか掲げていない。たとえば中学２年と３年で教える漢字は次のように規定されている。

第２学年：第１学年までに学習した常用漢字に加え、その他の常用漢字のうち300字程度から350字程度までの漢字を読むこと。

第３学年：２学年までに学習した常用漢字に加え、その他の常用漢字の大体を読むこと[▶12]。

〈300字程度から350字程度〉〈その他の常用漢字の大体〉など、素人目には果たしてこれで大丈夫なのか不安に思えるほど不明確な表現だ。しかし、現実には別に明確な基準は存在している。それが1990年に当時の文部省初等中等教育局小学校課長が通知した『学校教育における外来語及び音訓の取扱いについて』だ[▶13]。

これをみると、１字ずつの常用漢字に配された音訓が、小中高のそれぞれに、まるでパズルのようにして配分されていることが分かる。なるほど、これでは字種だけをベースに作られた学年別配当表のような明確な表示ができないわけだ。

ところが前川氏が報告するところによると、この課長通知を実際に知る国語教師はわずかであるようだ。本当に知る必要があるのは教科書、教材を作る会社だけで、現場の教師はそうした教科書／教材に従って教えていればよいということなのだろうか。なにか素人としては割り切れないものが残るのだが。

1-4　改定常用漢字表で情報システムはどうなるのだろう？

改定常用漢字表における最大の論点は、基本的には追加字種として表外漢字字体表（2000年答申）[▶14]で規定された印刷標準字体、つまりいわゆる康熙字典体（一般に旧字体とも）

を採用したことだろう。

　では、なぜ従来どおり略字体を採用しなかったのか？　改定常用漢字表は複数の理由を挙げるが、その一つとして以下のようなことを述べている。

> 　今回、字体を変更することは、表外漢字字体表に従って改正された文字コード及びそれに基づいて搭載される情報機器の字体に大きな混乱をもたらすことになる〔▶15〕。

　つまり情報機器への配慮によって、いわゆる康熙字典体が採用されたということだ。ということは、情報機器には改定常用漢字表による混乱はないのだろうか？　残念ながらそんなことはない。私個人は文字コードについて原稿を求められることが多いが、もしもこの問題について依頼されたら、以下のように書くだろう。

> 　改定常用漢字表によって情報機器にもたらされる影響は、2つのレベルから説明できる。1つは符号位置のレベル、もう1つがフォントのレベルだ。
>
> 　まず符号位置のレベル。改定常用漢字表には、携帯電話など情報機器の多くに実装されている符号化方法、シフトJISで表現できない4文字「𠮟、塡、剝、頰」が含まれることになった。一方で、シフトJISで表現できる字は「叱、填、剥、頬」だ。両者は符号位置レベルの違いだから、情報機器が改定常用漢字表に対応しようと思えばシフトJIS以外、たとえ

ば Unicode などに対応するしかなくなる。

もちろん以前から Unicode に対応している Windows Vista/7 や、Mac OS X などは問題ない。もっとも、これら 4 文字を表現できない符号化方法は、シフト JIS 以外にもう一つ、日本語のインターネット・メールにおける主要な符号化方法 ISO-2022-JP がある。したがって、Windows Vista/7 や Mac OS X であっても、そこで送受信するインターネット・メールでは、やはり同じ問題が残ることになる。

次にフォントのレベルの問題だが、これは符号位置レベルほど影響は大きくないと言える。たとえば従来からある常用漢字は一点しんにょうだったのに、新たに追加された字種は二点しんにょうだ。同じく食偏についても改定常用漢字表では従来とは違う食偏の字体で追加されることになった［図1］。

これらは符号位置の違いはなく、あくまでフォントにおけるタイプフェイスデザインの違いとなる。すでに表外漢字字体表の答申後に、これに対応する文字コード規格改正が JIS2004 として完了しているので、改定常用漢字表に対応するには JIS2004 対応のフォ

図 1◉新旧の常用漢字における、しんにょうと食偏の違い

ントを導入すればよい。

さて、以上の説明には大きな見落としがある。全体的にきれいに整理しようとするあまり、現実的な諸々の問題から目を逸らす結果となっているのだ。

たとえば〈Unicodeに対応しているWindows Vista/7（略）は問題ない〉としている部分。Windows Vista/7自体がUnicodeに対応していることは正しい。しかし、過去との互換性を大事にする同OSは、旧来の文字コードに対応したアプリケーションでも動作するように設計されている。言い換えれば、Unicodeに対応しないアプリケーションも動作してしまう。つまり、Windows Vista/7がUnicodeに対応しているから改定常用漢字表の影響はないという私の説明は、ごく限られた一面しか言い当てていない。

そこで関口氏の発表だ。いつも対外的には規格の専門家として発言することの多い関口氏だが、この時は実装の側面からの発表内容となった。その結果、改定常用漢字表の影響について、上述のような通り一遍の説明からは分からない情報システムの現実の姿、たとえば現在もシフトJISのままであったり、不十分なUnicode対応をしただけのシステムが非常に多かったりする実態が明かされることとなったのである（じつは関口氏のような視点からは、前述比留間氏の論考から伺える朝日新聞社のシステムも、不十分なUnicode対応に分類される）。

発表の中で触れられている分野も一般的なパソコンにとどまらず、データベースをはじめとした業務アプリケーションシステム、さらには戸籍や住民情報を扱う自治体のシステムや税務システムにまで及んでいる。規格専門家というより実装を担うメーカーの一員として、貴重な本音を展開していただいたことになる。じつのところ、私はこうした専門家ならではという話が聞きたかったので大変うれしい。折り悪く多忙のため原稿の書き下ろしは諦めざるを得なかったが、発表用の画面資料が非常に読み応えのあるものだったため、これを掲載することにした。

なお、本ワークショップの告知ページでは音声データの一部を公開している。関口氏の発表も聞くことができるので、興味のある向きは参照されたい[▶16]。また、改定常用漢字表の告示と同時に、経済産業省からJIS文字コードの対応状況について公表があった（余談ながら関口氏はこの検討委員会のメンバーでもある）[▶17]。

2. 〈第2章「漢字調査」から考える〉について

2-1 なぜ「漢字調査」から考えるのか？

冒頭で述べたように、常用漢字表は日本における言語政策の根幹をなす。従って、その改定作業は果たして妥当なものだったのかという問いかけは、誰にとっても重要なものとなる。また比留間氏の論考について触れた部分でも書いたように、漢字表の範囲を画定することは、必然的に代用表記その他の影の部分を生む。したがってそこにはなるべく多くの人が納得する客観的な裏付けが必要となる。そこでカギになるのが、改定の審議で使用された漢字調査をどう評価するかだ。

文化庁は改定常用漢字表のために多種多様な漢字調査をおこなっている。改定常用漢字表で追加した字種や音訓もこの漢字調査にもとづき選定された。したがって、これら漢字調査には改定常用漢字表の成り立ちを知る無数の手がかりが隠されているはずで、これを見過ごしにして良いはずがない。とはいえ、すべての漢字調査を重ねると30センチ以上になろうかという大部のものだ。素人が簡単に手を出せるようなものではない。

第2章では、この漢字調査の中味に分け入る。担当するのは気鋭の自然言語処理研究者、萩原正人氏（当時バイドゥ株式会社、現楽天技術研究所）と、コンピュータを利用した東洋学研究で知られる師茂樹氏（花園大学）だ。

2-2　ウェブ上における使用実態統計から改定常用漢字表を考える

常用漢字表の改定を促したのは、情報機器のコモディティ化が人々の文字生活に大きな影響を与えたからだ。このことは先に述べたとおり。しかしそうした文字の使われ方を「まるごと」捉えることを可能にしてくれたのも、皮肉なことに情報機器のコモディティ化なのである。

萩原氏が発表当時勤務していたバイドゥは、Google やYahoo! とならぶ検索エンジンの老舗企業だ。同社は検索エンジンを構築・運用するため、日本を含む世界中のウェブ・データを2007年頃から収集（クロール）してきた。これらのデータには古いもので1990年代のものも含まれ、うまく抽出できれば言語現象が時系列で観察できる。しかし、そんなことがどうやって可能なのだろう？

萩原氏はコロンブスの卵のような簡単な工夫により、任意の語とそれが発せられた時間（秒まで特定可能！）を紐付けることに成功する。これによりウェブ上の日本語表現が、クロールされたデータの中にある限り、時間を指定して自在に取り出せるようになった。

こうして、たとえばウェブにおける「俺」という語の出現確率がどのように変移したのか、あるいはウェブで使われやすい漢字・使われにくい漢字とは、等々が明らかになったのである。すこし前だったら夢でしかなかった研究だが、これも情報機器のコモディティ化、つまり計算資源の低廉化がもたらしたものだ。

このような調査をおこなった立場から、文化庁のウェブを対象にした漢字調査はどのように評価できるか、また改定常用漢字表の追加字種は萩原氏の調査結果ではどのように位置づけられるか、これが萩原氏の論考における白眉となるだろう。

2-3 【資料紹介】漢字出現頻度数調査

表題に「資料紹介」とあるように、師氏の原稿では漢字調査そのものを紹介している。調査にはどのようなものがあるか、そしてそれらを使ってどのように改定常用漢字表が作られていったのかということだ。

こうして漢字調査を手がかりに審議の内容に踏み込んでいくと、やがて「頻度が低いのに削除されなかった常用漢字」のリストが浮かび上がる。これを見ると、削除された漢字よりも頻度が低いにも関わらず残った漢字が、案外たくさんあることに驚かされる。当然、残されたのには頻度以外の理由があるはずだ。すなわち改定常用漢字表において「削除や追加は、頻度調査だけで決まったのではない」のである。面白くなってきたと思いませんか？　師氏はその理由の一端にも踏み込んでいる。ぜひ続きは師氏の原稿でお確かめいただきたい。

3.　おわりに

最後にいくつかお断りしたい。2010年11月30日に改定常用漢字表が告示訓令されているが、ここに掲載した原稿はいずれもそれ以前に書かれた。したがって文中の数字は古い常用漢字表のものである場合がある。また年数に関わる表記のなかに編集中に年が改まったため矛盾している箇所がある。これは筆者の責任ではなく、発行者の作業の遅延が招いたものだ。いずれも原文のままとしているが、読者諸氏のご賢察を願う次第である。

本書は電子書籍で刊行することを前提に企画が立ち上げられた。理由は改定常用漢字表の告示後、なるべく早いタイミングで公刊するためである（結果的には、早いとは言えないタイミングになってしまったが）。選んだフォーマットはPDFではなくEPUB。噂に聞く「リフロー」というものを、自分達が作った本で経験したかったからだ。その首尾の報告は、いずれ別の機会にしたいと思う。一言だけいうと、電子書籍を作ると、自分がそれまで持っていた書籍という概念が根底からひっくり返されることになる。それは、なかなか悪くない体験だった。

おしまいに、この無謀な企画に乗っていただいた全ての執筆者の皆さま、さまざまな協力を惜しまなかった文字研究会の仲間達、そして実際にデータ作成に汗をかいていただいた大石十三夫（はあどわあく）さん、そしてなにくれと助力やアドバイスをしてくださったツイッターやブログ等、ネットワーク上の多くの方々に篤くお礼申し上げます。

追記

2011年3月11日、太平洋三陸沖を震源とした大地震が東日本を襲った。これによる種々の惨禍については改めて言うまでもない。亡くなられた方々には深く哀悼の意を、また被災された方々には心からお見舞いを申し上げたい。おそらく僅かだろうけれど、本書の収益の一部を義援金として寄付することにした。寄付先や金額、日時等は追って文字研究会ホームページ（https://sites.google.com/site/mojiken/）にて公開する予定です。

注

〔1〕 文化庁『常用漢字表』（2010年、p.1）（http://www.bunka.go.jp/kokugo_nihongo/joho/kijun/naikaku/pdf/joyokanjihyo_20101130.pdf）

〔2〕 文化庁『公用文における漢字使用等について（平成22年内閣訓令第1号）』（http://www.bunka.go.jp/kokugo_nihongo/joho/kijun/sanko/koyobun/pdf/kunrei.pdf）

〔3〕 文化庁『常用漢字表』（2010年、p.1）（http://www.bunka.go.jp/kokugo_nihongo/joho/kijun/naikaku/pdf/joyokanjihyo_20101130.pdf）

〔4〕 小形克宏『もじのなまえ』（http://d.hatena.ne.jp/ogwata/searchdiary?word=%2A%5B%BF%B7%BE%EF%CD%D1%B4%C1%BB%FA%C9%BD%5D）

〔5〕 『第5回ワークショップ：文字――「現実」から見た改定常用漢字表――』（https://sites.google.com/site/mojiken/activities/5th_ws）

〔6〕 第3期国語審議会『「同音の漢字による書きかえ」について（報告）』（1956年）

〔7〕 ちなみにこれは、当用漢字表（1946年告示）における代用漢字の例であり、1981年制定の常用漢字表をへて、そのまま現行の改定常用漢字表まで受け継がれている。

〔8〕 岩淵悦太郎「試案新漢字表の考え方」（『言語生活』1977年307号、pp.21-22）

[9] たとえば『第15回国語分科会漢字小委員会・議事録』(http://www.bunka.go.jp/kokugo_nihongo/bunkasingi/kanji_15/gijiroku.html) で、次のような発言が確認できる。「○松岡委員：(前略) 私たちを囲む、書いたり読んだりという状況が新しい情報機器によって変わってきたからということも踏まえ、「広場の言葉」というのですか、みんなが、とにかく最低このくらいは知っていると不自由なく意思の疎通ができるとか、何かそのところを本当にはっきりメッセージとして出すことが大事ではないかな、というふうに改めて思います」。他にも第18回、第20回、第22回、第23回で、「広場の言葉」が使われている。

[10] 文化庁『平成21年度「国語に関する世論調査」の結果について』(http://www.bunka.go.jp/kokugo_nihongo/yoronchousa/h21/pdf/h21_chosa_kekka.pdf) によれば、常用漢字表の認知率は57.4%だった。

[11] 文部科学省『小学校指導要領 第1節 国語』(http://www.mext.go.jp/b_menu/shuppan/sonota/990301b/990301d.htm)

[12] 文部科学省『中学校学習指導要領 第1節 国語』(http://www.mext.go.jp/b_menu/shuppan/sonota/990301c/990301b.htm)
なお、改定常用漢字表の告示にともなって、文部科学省から中学校の学習指導要領、及び小学校、中学校、高校の漢字指導の変更が通知されている。詳細は『常用漢字表の改定に伴う中学校学習指導要領の一部改正等及び小学校、中学校、高等学校等における漢字の指導について(通知)』(http://www.mext.go.jp/b_menu/hakusho/nc/1299787.htm) を参照。

[13] 文部省初等中等教育局小学校課長通知『学校教育における外来語及び音訓の取扱いについて(2初小第40号)』(1990年)(http://www.mext.go.jp/b_menu/hakusho/nc/t19901022001/t19901022001.html)

[14] 第22期国語審議会『表外漢字字体表』(2000年)(http://www.mext.go.jp/b_menu/shingi/12/kokugo/toushin/001218.htm)

[15] 文化審議会答申『改定常用漢字表』(2010年、p.(15))(http://www.bunka.go.jp/bunkashingikai/soukai/pdf/kaitei_kanji_toushin.pdf)

[16] (https://sites.google.com/site/mojiken/activities/5th_ws/WS5_100811_sekuguchi.mp4)

[17] 経済産業省産業技術環境局基準認証ユニット情報電子標準化推進室『改定常用漢字表に対するJIS漢字コード規格の対応状況について』2010年11月30日 (http://www.meti.go.jp/press/20101130001/20101130001.html)

第１章

「現場」から考える

新聞表記と常用漢字表改定

比留間直和◉朝日新聞社

新聞は、基本的に常用漢字表の範囲で記事を書いている。だが「漢字表の範囲で書く」とは具体的にはどういうことなのか、そして漢字表が変わったときにどんな作業が発生するのかは、世間ではあまり知られていない。新聞社で実際に用字用語ルールの策定・管理を担当する立場から漢字表の歴史を振り返り、併せて今回の常用漢字表改定を新聞界がどう受け止め、どう対応しようとしているのかを伝える。

1.　新聞と漢字表

1-1　本当は難しい常用漢字

ある日、筆者の職場である校閲センターの引き継ぎ帳にこんなやりとりが記された。

> 部員：
> 　早版の「優勝しても賜杯なし」の見出し。
> 　受け取った小刷りには、「賜杯」とあった。
> 　編集者に「賜杯」と書いて手渡して、次に出てきたのは「暢杯」。
> 　さすがに「賜杯　しはい」と大きく書いて渡して、やっと直った。

試されているのか、いや、陥れようとしているのだろうか。
デスク：
なぜ「腸杯」、「暢杯」などという字が出てくるのか理解に苦しむ。
編集者に「規格外のすごいやつ」がいることだけは間違いない。

「小刷り」というのは、見出しやハコ組みなどを点検するための小ぶりの校正刷りを指す社内用語だ。ちなみに新聞1ページ大の校正刷りを「大刷り」と呼ぶ。

2010年夏、角界に数々のスキャンダルが発覚し、相撲協会は名古屋場所の優勝力士への天皇賜杯授与を自粛することを決めた。上の書き込みは、それを伝える紙面の点検を担当した校閲センターの部員とデスクが記したものだ。

しかし筆者はこの書き込みを見てあまり驚かなかった。入社以来、社歴のほとんどを校閲・用語部門で過ごしてきた筆者にとって、「賜杯」を正しく読めない人に出会ったのは一度や二度ではない。むしろ正しく読める人のほうが世間では少数派かもしれない、とも思う。

常用漢字だからといって、誰もがスムーズに読めるとは限らない。当用漢字表以来の表内字でさえもだ。今回の常用漢字表改定への対応を考えるうえで、筆者らの頭にあったのはそのことだった。

1-2　「表内の漢字で書く」とは

新聞・放送各社は、固有名詞などを除き、あらかじめ定めた漢字表の範囲内で表記するのを原則としている。新聞の漢字制限は大正時代から試みられてきたが、本格的に定着したのは戦後、当用漢字表の時代からだ。

今回の常用漢字表改定前の時点では、日本新聞協会『新聞用語集』所載の新聞常用漢字表は、国の常用漢字 1,945 字に「45 字追加、11 字削除」をした 1,979 字を掲げる。加盟各社の用語担当者からなる「新聞用語懇談会」の決定に基づくものだが、実際には独自の判断で更に別の字種を追加している社もあり、完全に足並みがそろっているわけではない。

このほか、新聞・放送各社では『送り仮名の付け方』『現代仮名遣い』など、国の国語施策に準拠した表記を用いている。新聞が「取引」と書くのに対し NHK は「取り引き」と送り仮名をつけるなど、報道機関によって多少の違いもあるが、基本的には国の示す範囲内での運用だ。

「漢字表の範囲で書く」とは、具体的にはどういうことか。実務的には、原稿中に表外の字種や音訓が登場した場合に、それを排除するような処理を施すということだ。大きく分けると、「書き換え」と「言い換え」がある。

書き換えとは、その言葉じたいは変えずに別の表記にすることだ。具体的には次の四つの方法がある。

- 別の漢字に置き換える　「日蝕→日食」など
- 仮名書きにする　「挨拶→あいさつ」など
- 交ぜ書きにする　「覚醒剤→覚せい剤」など
- 読み仮名（振り仮名）を付ける　「脊椎→脊椎（せきつい）」など

言い換えとは、その言葉じたいを別の言葉・表現にかえることを指す。

例えば「瀆職（とくしょく）」という語は「瀆」が当用漢字に無いため、戦後、「汚職」に言い換えられた。小学館『日本国語大辞典』には、「汚職」は朝日新聞が「瀆職」の言い換えとして考案した語とある。

新聞社内で使う用字用語のハンドブックでは、ほかに「進捗状況→進み具合」など数多くの言い換え例を示している。コンピューターによる紙面製作が行われている現在ではあまり関係ないが、かつては活字の組みを変えずに済ませられる、字数が変わらない言い換えが好まれたという。字数が４字のままの言い換え「進捗状況→進み具合」などは、その典型といえる。

図 1 ◉朝日新聞社用語課『1956 年改定版 新聞用語の手びき』（1956 年、pp.88-89）
このページは「漢語言いかえ集」という章の冒頭。

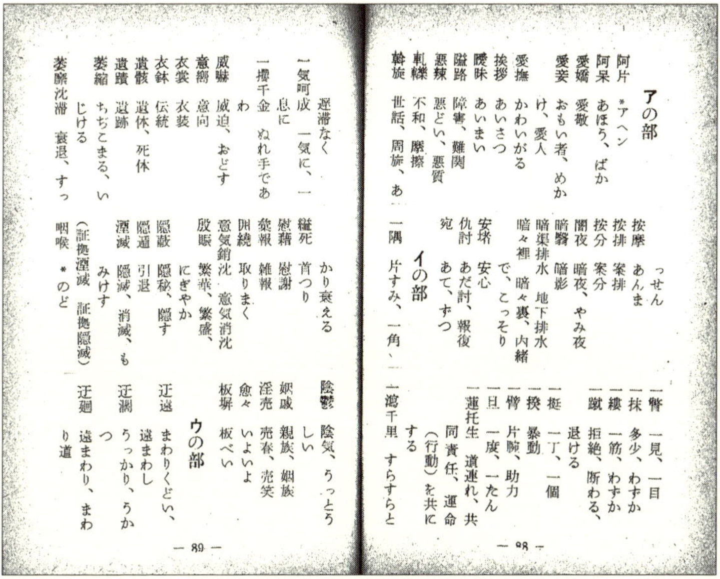

アの部
阿片 *アヘン
阿呆 あほう、ばか
愛嬌 愛敬
愛妾 おもい者、めか
け、愛人
愛撫 かわいがる
挨拶 あいさつ
曖昧 あいまい
隘路 障害、難関
悪辣 悪どい、悪質
軋轢 不和、摩擦
斡旋 世話、周旋、あ
っせん
按摩 あんま
按排 案排
按分 案分
闇夜 暗夜、やみ夜
暗翳 暗影
暗渠排水 地下排水
暗々裡 暗々裏、内緒
で、こっそり
安堵 安心
仇討 あだ討、報復
宛 あて、ずつ
イの部
一隅 片すみ、一角、一
一瞥 一見、一目
一抹 多少、わずか
一縷 一筋、わずか
一蹴 拒絶、断わる、
退ける
一挺 一丁、一個
一揆 暴動
一臂 片腕、助力
一旦 一度、一たん
一蓮托生 道連れ、共
同責任、運命
（行動）を共に
する
一瀉千里 すらすらと

— 88 —

遅滞なく
一気呵成 一気に、一
息に
一攫千金 ぬれ手であ
わ
威嚇 威迫、おどす
意嚮 意向
衣裳 衣装
衣鉢 伝統
遺骸 遺体、死体
遺蹟 遺跡
萎縮 ちぢこまる、い
じける
萎靡沈滞 衰退、すっ
かり衰える
縊死 首つり
慰藉 慰謝
彙報 雑報
囲繞 取りまく
意気銷沈 意気消沈
殷賑 繁華、繁盛、
にぎやか
隠蔽 隠秘、隠す
隠遁 引退
湮滅 隠滅、消滅、も
みけす
（証拠湮滅 証拠隠滅）
咽喉 *のど
陰鬱 陰気、うっとう
しい
姻戚 親族、姻族
淫売 売春、売笑
愈々 いよいよ
板塀 板べい
ウの部
迂遠 まわりくどい、
遠まわし
迂闊 うっかり、うか
つ
迂廻 遠まわり、まわ
り道

— 89 —

図1は、朝日新聞が社内用ハンドブック『新聞用語の手びき』1956年版である。五十音順に、表外漢字を含む語の書き換え・言い換え例が示されている。

今の感覚でこれを見ると、わざと難しい言葉を盛り込んでいるようにも見えてしまうが、戦前の教育を受けた新聞記者たちが現代の記者たちとは比較にならぬほど漢字・漢語の素養を身につけていたことは間違いない。

1-3 『当用漢字補正資料』の先行実施

1954年3月、国語審議会漢字部会は「将来の当用漢字の補正の際の基本的資料」として、1,850字のうち28字を入れ替えるなどの案を総会に報告した。一般に「当用漢字補正資料」「当用漢字補正案」などと呼ばれるものだ。

具体的な内容は以下の通り。

■削除28字

且、丹、但、劾、又、唐、嚇、堪、奴、寡、悦、朕、濫、煩、爵、璽、箇、罷、脹、虞、謁、迅、逓、遵、錬、附、隷、頒

■追加28字

亭、俸、偵、僕、厄、堀、壌、宵、尚、戻、披、挑、据、朴、杉、桟、殻、汁、泥、洪、涯、渦、渓、矯、酌、釣、斉、竜

■音訓・字体の変更

個（コ）→ 個（コ、カ）

燈（トウ）→ 灯（トウ、ひ）

これは本来「将来の補正のための資料」という位置づけだったが、新聞界は率先して実施に移した。

当時の新聞記事には

> 今度の補正は当用漢字表を法律によって改正しないで、新聞社や雑誌社などで実験的に試用してもらい、その結果今後もう一度補正が行われる際の実験的資料にしようというもので、教科書などには使われないわけである。(1954年3月15日付朝日新聞夕刊)
>
> 去る三月十五日国語審議会の総会で補正が認められた新当用漢字は来る四月一日を目標に日本新聞協会加盟の全国の各新聞社で一せいに実施することになった。〈中略〉この新当用漢字の採用で、煩雑は繁雑、膨脹は膨張、濫伐、濫造は乱伐、乱造と書かれ、逓減は漸減、罷免は免職、弾劾は糾弾とか攻撃と言いかえられ、また遵法闘争などは順法闘争と用いられるようになるが、同時に従来やむを得ず行っていた、ちょう戦(挑戦)地カク(地殻)土ジョウ(土壌)さんばし(桟橋)などの不自然でわかりにくかった漢語や術語のまぜ書きや、かな書きがなくなり、一層読みやすく、わかりやすい新聞記事が書かれることになった。(1954年3月26日付朝日新聞朝刊)

とある。補正を反映した当用漢字を記事中「新当用漢字」と称しているが、この呼称はその後も『新聞用語集』(日本新聞協会)などの資料において、常用漢字表の制定に至るまで使われていた。

1-4　削除28字の一部復活

その後、漢字制限見直しの機運が高まり、1966年には中村梅吉文部大臣が国語審議会に対し当用漢字などの再検討を諮問した。その際のあいさつで〈当然のことながら国語の表記は、漢字かなまじり文によることを前提とし〉と述べ、漢字をめぐる表音派・表意派の激しい対立に一定の決着がもたらされたことはよく知られている。

新聞業界もこの流れと無縁ではなかった。朝日新聞の社内用ハンドブック『新聞用語の手びき』1973年版では、補正資料の削除28字のうち「丹、劾、唐、嚇、堪、奴、寡、悦、煩、爵、罷、迅、逓、錬、隷、頒」の16字が復活し、1974年版ではさらに「璽」がよみがえった。その結果、朝日新聞では、28字のうち引き続き不使用としたのは「且、但、又、朕、濫、箇、脹、虞、謁、遵、附」の11字となった。

また、朝日では1973年版以降、「稼（カ、かせぐ）、溝（コウ）、塾（ジュク）、塚（つか）、棟（トウ、むね）、洞（ドウ）、覇（ハ）」の7字を表内字並みに扱うことにした。この7字はいずれもその後、1981年の常用漢字表に入った字だが、このとき朝日が採用した音訓をみると「溝」がコウのみ、「洞」がドウのみと、字音だけにとどめている。漢字使用は「海溝」「空洞」のような漢語に限定し、「みぞ」「ほら」は引き続き仮名で書くことにしていた。独自に追加する場合でも、抑制的な姿勢であったことがうかがえる。

なお、日本新聞協会『新聞用語集』は1976年版で朝日の1973年版と同じ16字が復活し、不使用は12字となった。

1-5　1981年常用漢字表への対応とその後

国語審議会が4期8年かけて検討し1981年に答申した『常用漢字表』は、当用漢字1,850字から1字も削らず、新たに95字を追加するものだった。

新聞ではこの答申を受けて対応を検討し、結局、1,945字のうち「且、但、又、朕、濫、箇、脹、虞、謁、遵、附」の11字は使わないこととする一方、新聞にとって必要性が高い「亀（キ、かめ）、舷（ゲン）、痕（コン）、挫（ザ）、哨（ショウ）、狙（ソ、ねらう）」の6字を常用漢字並みに使うことで各社が足並みをそろえた。こうして新聞常用漢字は1,940字でスタートした。

このとき不使用とした11字は、朝日新聞が当用漢字補正資料の削除28字のうち最後まで復活させなかった11字（朝日『新聞用語の手びき』1974年版）と一致している。

しばらくの間はこの「常用漢字プラス6、マイナス11」でそろっていた新聞各社だが、やがてそれぞれの独自色を出し始める。1989年、朝日新聞は「冤（エン）、腫（シュ）、腎（ジン）、竪（たて）、拉（ラ）」の5字を独自に追加。「冤罪」や「腎臓」、「拉致」など、新聞で避けるのが困難な語を交ぜ書きせずに済むようにするためだった。その後、他の社も独自に漢字を追加し始め（例えば読売新聞は「岡、錦、須」の3字を独自に加えた）、新聞社ごとに使用漢字の範囲に少しずつずれが見られるようになっていった。

1-6　「交ぜ書き批判」から新聞漢字拡大へ

1990年代後半、新聞各社は「交ぜ書き」をどう取り扱うか頭を悩ませていた。「はく奪」「残がい」のように、漢語のうち表外漢字の部分を仮名書きした表記に対して、外部から「見苦しい」「読みづらい」といった声が多く届くようになっていた。批判が高まった背景としては、ワープロ・パソコンの普及で誰でも難しい漢字を簡単に打ち出せるようになったことなどがあると思われる。

日本新聞協会の新聞用語懇談会では、交ぜ書き語を減らし、読み仮名付きで表外漢字を使う表記を増やす方向で検討を進めた。だがその過程で「先に漢字表をできるだけ拡大したほうが効率がよい」ということになり、加盟各社から追加希望字種を募って議論を進めた。1999年に毎日新聞が独自の判断で37の表外漢字を追加したことも後押しとなった。

そして2001年秋、協会として39字を新たに追加することが決まり（追加済みの6字と合わせて「プラス45字」になった）、2002年春にかけて各社で実施に移された。

このとき朝日新聞では、自社の新人記者や大学生を対象に行った漢字読みテストの結果などを参考に一部の音訓を間引いたり、また39字以外からもなじみ深い表外漢字を独自に選ぶなどして、66字（追加済み11字と合わせると77字）を漢字表に追加した。

なお、新聞協会ではその後「柵」「芯」の2字について、形式上漢字表には入れないものの特例として読み仮名なしで使うことにしたため、協会が常用漢字並みに扱うとしている字は実質上47字になった。

内閣訓令によって国語施策の順守が義務づけられている公用文や、漢字使用の枠が定められている教科書などを除けば、新聞は国語施策の最もまじめな実行者といえる。その新聞が常用漢字を数十字規模ではみだす運用を始めたことが、国語施策をつかさどる側にとって少なからず「圧力」になったことは想像に難くない。

今回の常用漢字表改定前の時点で、新聞協会、朝日新聞がそれぞれ常用漢字並みに使うとしている漢字と、『改定常用漢字表』の追加196字との関係を表したのが以下の図である。

新聞協会はこの「39字追加」を決めたあと、引き続き「交ぜ書き減らし」に取り組み、用語集に示す交ぜ書きの一部を「漢字＋読み仮名」表記に変更するなどした。

かつての厳格な漢字制限の時代から比べると、新聞にとっ

図2◉常用漢字表改定前の新聞漢字と、追加196字の関係

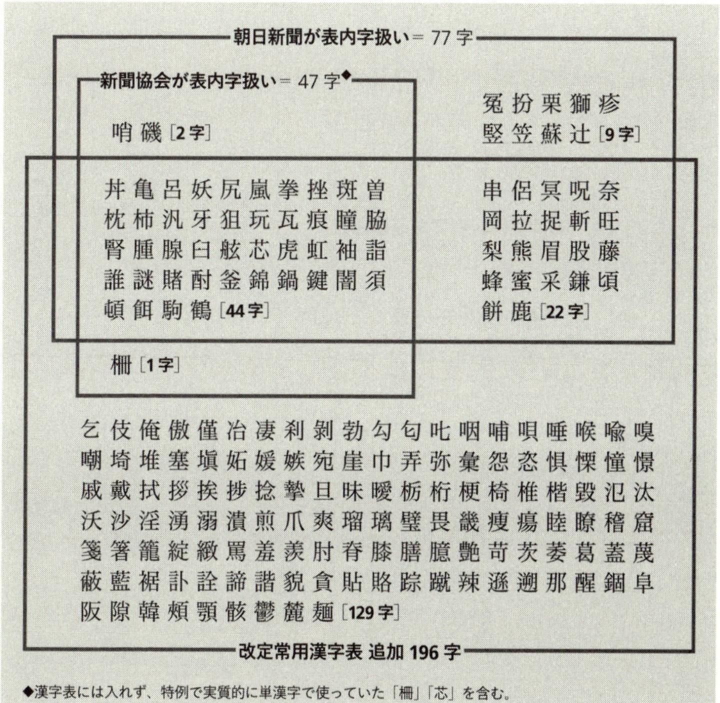

◆漢字表には入れず、特例で実質的に単漢字で使っていた「柵」「芯」を含む。

ての漢字表の意味合いはかなり変わったと言ってよい。新聞表記を真に平易なものとすべく、終戦直後の新聞記者たちは窮屈な枠をあえて自らにはめ、“ことば直し”に取り組んだ。そうでもしない限り、一般読者には難しい漢語や言い回しを、つい使ってしまったのだろう。

そうした先輩記者たちの努力もあって、現代のマスメディアでは、過去に比べれば平易な用語・文体が定着している。交ぜ書きを減らすために「表外漢字＋読み仮名」の表記を増やしたのも、新聞文章の平易化が（十全か否かはともかく）一段落しているなか、日常的に使われる言葉を「表外漢字だから」というだけで無理に言い換えるのは現実的でない、との認識があるからにほかならない。

その意味で、新聞にとっての漢字表は、「その字を使うべきかどうかの基準」から「読み仮名の要否の基準」へと徐々に重心を移しつつあると言える。

2.　今回の改定への対応

2-1　新聞協会から意見書を提出

文化審議会で改定常用漢字表の論議が行われるのと並行して、日本新聞協会の新聞用語懇談会で対応が検討された。ひとつは、新聞界としての意見をとりまとめること、そしてもうひとつは、新聞の表記に改定をどう反映させるかということだった。後者の作業は、協会が発行する『新聞用語集』の部分改訂である。

答申までに２度行われたパブリックコメントに合わせ新聞協会から提出した意見書では、個別の字種・音訓などに関する見解を述べたほか、追加字種が「読めるかどうか」の調査を国として行うことを強く求めた。

しかし、結局そうした調査は実現せず、その代わりに答申前に駆け込み的に実施されたのが、文化庁『国語に関する世論調査』の一環として行われた、追加漢字に関する意識調査（2010年2～3月）だった。これは新聞界が望んだ「読めるかどうか」の調査とは性格を全く異にするもので、しかも調査結果が字種選定に反映されることもなかったが、追加漢字のうち「振り仮名付きが望ましい」という回答が50%を超えたものが10字にのぼったことなどが新聞紙面で報じられ、「難しい字が常用漢字表に入ろうとしている」ことを改めて印象づけた。

2-2　追加漢字を「選別」

協会の『新聞用語集』改訂は、大手各社の用語担当者らによる作業部会で原案策定が進められた。

200近くにのぼる追加漢字には、難読のため新聞では読み仮名付きが望ましい字がある、という認識では各社が一致した。ではどの字が該当するか。作業部会では、NHKが2009年、高校生約11,000人を対象に行った漢字の読みテスト（『放送研究と調査』2009年10、11月号）などのデータを参考にして、1字ずつ対応を決めていった。

追加漢字のうち読みづらい字については音読みならば読み仮名を付けることとし、訓読みならば漢字表記と仮名書きを併記して示すのを原則とした。訓読みを読み仮名付きにしないのは、漢語でないものに読み仮名を付けてまで漢字を使う必要はない、という考え方による。また、「漢字と仮名書きの併記」としたのは、各社の意見に差があり一つ一つを短期間に決めるのは難しいため、加盟各社に取り扱いを委ねたものである。

その後、改定常用漢字表の最終答申に、試案段階ではなかった〈文脈や読み手の状況に応じて、振り仮名等を活用することについては、表に掲げられている漢字であるか否かにかかわらず、配慮すべきことであろう〉という文言が加わり、新聞側の「一部を読み仮名付きに」とする対応にお墨付きが与えられる形になった。

文化審議会の答申（6月）のころにはこの改訂内容がほぼ固まり、7月15日の編集委員会（各社の編集部門幹部で構成）で、難しい追加字種は当面読み仮名の付加や言い換えで対応することを申し合わせた。

新聞協会で決めた改定常用漢字表追加字種への対応は、概略以下のとおり（ここに挙げていない追加字種は、そのまま使うということである）。

- 読み仮名付きにする音読み

  彙（イ）、怨（エン）、瓦（ガ）、顎（ガク）、毀（キ）、憬（ケイ）、隙（ゲキ）、塞（サイ・ソク〔梗塞は読み仮名無しで使用〕）、刹（サツ・セツ）、恣（シ）、摯（シ）、袖（シュウ）、憧（ショウ）、凄（セイ）、遡（ソ）、痩（ソウ）、戴（タイ）、捗（チョク）、塡（テン）、汎（ハン）、蔽（ヘイ）、冥（ミョウ）、冶（ヤ）、沃（ヨク）、辣（ラツ）、藍（ラン）、弄（ロウ）
- 漢字・仮名を併記した語

  曖昧・あいまい、顎・あご、嘲る・あざける、椅子・いす、一旦・いったん、鬱・うつ（状態）、鬱血・うっ血、鬱病・うつ病、羨ましい・うらやましい、羨む・うらやむ、稽古・けいこ、滑稽・こっけい、籠もる・こもる、遡る・さかのぼる、蔑む・さげすむ、沙汰・さた、所詮・しょせん、頂戴・ちょうだい、萎える・なえる、妬む・ねたむ、罵る・ののしる、膝元・ひざ元、肘・ひじ、蓋・ふた、頬・ほお、淫ら・みだら、貪る・むさぼる、弄ぶ・もてあそぶ、僅か・わずか

- 仮名表記のみ示したもの
  あいさつ（挨拶）
- 県名など固有名詞限定の追加字種
  茨、媛、韓、畿、埼、栃、阪、阜

このほか、以下の表外漢字・表外音訓を新聞独自に使うとした。

- 独自使用の字種 ＝ 磯、哨、絆、疹、胚
- 独自使用の音訓 ＝ 虹（コウ）、証（あかす）、鶏（とり）

このうち「磯、哨」はこれまでも新聞協会が使用漢字に入れていたもので、今回新たに追加するのは「絆、疹、胚」の3字である。

逆に、改定常用漢字表に入っているが新聞では使わないとした字は以下のとおり。

- 「不使用」扱い ＝ 虞、且、遵、但、朕、附、又

従来使わないことにしていた「謁、箇、濫」は、「不使用」扱いをやめることにした。また「脹」は国の改定で削除されるため、自動的にこのリストから外れる。つまり今後「不使用」扱いする7字は、従来の11字から「謁、箇、濫、脹」の4字を除いたものである。

なお、これまで「箇」の代わりに「個」に「カ」という音を加えて代用（個所付け、個条書きなど）していたが、今後はこれをやめて「箇所付け」「箇条書き」と書く。

新聞協会の用語集ではこうした対応をとるが、これが各社の表記を完全に縛るわけではない。両論併記にした項目はもちろん、表記を一つに絞った項目についても、各社がそれぞれの判断で別の表記を採用するのを妨げるものではなく、結果として改定常用漢字表への具体的な対応は社によってさまざまに分かれると予想される。

2-3 「代用漢字」を一部廃止

一般に、常用漢字表は「この字が入った」「あの字がない」という議論に終始しがちだが、「複数の表記のある語について、どの表記を使うか」を決める際の材料になっている。漢字表が変われば、こうした判断にも当然影響を与える。

具体例を挙げてみよう。

重要であることを意味する「かんじん」という言葉は、古くから「肝心」「肝腎」両方の表記が行われてきた。肝臓と心臓、または肝臓と腎臓が人体にとって大切であることに由来するものだが、これまでは「腎」が常用漢字に無かったた

め、新聞では「肝心」を標準表記としてきた。1956年の国語審議会報告『同音の漢字による書きかえ』でも、「肝腎→肝心」が示されている。朝日だけでなく新聞協会も2001年以降「腎」を表内に追加しているが、本来は表外漢字であるため、「肝心」の表記を「肝腎」にするかどうかを本格的に検討したことは無かった。

しかし今回、改定常用漢字表に「腎」が入ったため、「肝心」に統一する根拠がなくなってしまった。今後「かんじん」はどう書けばよいのか。日常的に使う言葉であり、表記が社によってばらばらになるのは避けたいところだ。

改定常用漢字表では、追加漢字「腎」の用例のひとつに「肝腎」が挙げられているが、備考欄には〈「肝腎」は、「肝心」とも書く〉と記されている。

つまり、改定常用漢字表としてはどちらの表記も認めている。文化庁からも「過去の施策（同音の漢字による書きかえ）を否定することはない」との返答があった。新聞紙面にどちらを使うかは、自分たちで決めるほかない。

「改定常用漢字表に直接用例が載っているもののほうが無難」「教科書がいずれ『肝腎』にそろえるのでは」と「肝腎」を推す声もあったが、「新聞表記では『肝心』になじみがある」「見た目が難しくなるのはなるべく避けたい」といった意見が勝り、「当面は『肝心』のままとし、状況が変わればその時点で再検討する」ということになった。

一般に、表外漢字を同音の常用漢字に置きかえた表記を「代用表記」とか「代用漢字」と呼ぶ（「肝腎→肝心」のように古くから両様存在するケースも、ここでは便宜上「代用」と扱って

図3◉改定常用漢字表での「腎」
（『改定常用漢字表』文化審議会、2010年、p.79）

腎	ジン	腎臓，肝腎	「肝腎」は，「肝心」とも書く。

おく)。多くは1956年の国語審報告『同音の漢字による書きかえ』に掲げられているものだが、新聞独自に運用してきたものもある。

新聞用語懇談会では今回の追加漢字に関連する代用表記を今後どうするか検討し、新聞としての当面の方針を以下のように決めた。(※印は改定常用漢字表の記述)

【臆】
従来は「臆測→憶測」「臆説→憶説」と書きかえ。今後は「臆」を使う。
※「臆」の用例に「臆説、臆病」を示し、備考に「憶説、憶測とも書く」と注記
【潰】
「潰滅→壊滅」「潰乱→壊乱」「決潰→決壊」「全潰→全壊」「倒潰→倒壊」「崩潰→崩壊」を継続。
※「壊」の用例に「壊滅、決壊」を示す。「潰」の用例には上記の語は無し
【毀】
従来は「破毀→破棄」のほか、新聞独自に「毀損→棄損」と書きかえてきた。
「破棄」は継続。「棄損」への書きかえは廃止し「毀損」を読み仮名付きで使う。
※「棄」の用例には無いが、「破」の用例に「破棄」を示す(2次試案まで記載無く、最終答申で追加)。また、「毀」の用例に「毀損」を記載
【窟】
「理窟→理屈」を継続。

※「屈」の用例に「理屈」を示す（2次試案まで記載無く、最終答申で追加）

【汎】

「広汎→広範」を継続。（病名などは「広汎」を読み仮名付きで使う）

※「汎」「範」いずれの用例にも無し

【錮】

従来は新聞独自に「禁錮→禁固」と書きかえてきたが、今後は法令通り「禁錮」を使う。

※「錮」の用例に「禁錮」を示す

2-4　事件・裁判用語への影響

代用漢字のくだりで触れた追加漢字のうち「毀」「錮」は、第1回パブリックコメント（2010年3～4月）のあと内閣法制局から要望が寄せられ、2次試案から入った字である。法制局からは「毀、錮、勾、賂、瑕、疵」の6字に関して追加要望があり、このうち「瑕、疵」を除く4字が入った。

「毀損」「禁錮」「勾留」「賄賂」という法令用語に必要、というものだが、新聞はこれまで原則として「棄損」「禁固」「拘置」「わいろ」への書き換え・言い換えを行ってきた（朝日など一部の社は近年、「勾留」を読み仮名付きでそのまま使用）。しかし常用漢字表に入るとなればこうした書き換え・言い換えの根拠がなくなるため、検討の結果、「毀損」「禁錮」「勾留」「賄賂」と書くことにした（毀損は読み仮名付き）。

いずれも事件・裁判記事で頻出する語であり、従来の新聞表記に目がなじんでいる読者も多い。表記変更後、「あれっ？」と不思議に思う人も少なからずいるであろう。

同様に「覚醒剤」の「醒」も追加漢字に入ったが、法律名が『覚せい剤取締法』と交ぜ書きであることから、事件記事で「覚せい剤」と書くのか「覚醒剤」と書くのか新聞協会の検討では明確な結論が出ず、社によって対応が分かれそうだ。朝日新聞では、法令を厳密に引用するような場合を除き、通常の記事では原則「覚醒剤」にそろえることにしている。

2-5　新たな「使い分け」

ここでいう使い分けとは、「(体重が80キロを) 超える／ (峠を) 越える」のように、意味などによって書き分けをする訓読みの漢字表記を指す。表内で、似た意味をもつ漢字が同じ訓をもっていれば、どういう場合にどの字をあてるかのルールをあらかじめ考えておく必要がある。

今回の改定で新たに生じる使い分けには、「後／跡／痕」「怪しい／妖しい」「恐れる／畏れる」「切る／斬る」「請う／乞う」「込む／混む」「作る／造る／創る」「捕らえる／捉える」「匂う／臭う」「張る／貼る」などがある。圏点のついた字が今回加わった字種・音訓だ。

当用漢字の漢字制限策が緩和されていくなかで漢字表の音訓も次第に増え、それに伴ってこうした使い分けも増えていった。冒頭の「越える／超える」も、1948年の当用漢字音訓表では「超」に「こす、こえる」という訓が無かったのだが、1973年の当用漢字改定音訓表でこの訓が加わったために「越」との使い分けが新たに生じたという例である。

こういった同訓の使い分けの目安として、改定常用漢字表の末尾に簡単な使い分け例が示されている。例えば「張る／貼る」の使い分けは次のようなものだ。

張る　氷が張る。テントを張る。策略を張り巡らす。
　　　張りのある声。
貼る　ポスターを貼る。切手を貼り付ける。タイル貼
　　　(張) りの壁。

これに対して、新聞協会の用語集の従来の記述と改訂後の記述は、それぞれ以下の通りである。

《従来》
はる（貼る）→ 張る ― 切手を張る、テントを張る、張り紙
《改訂後》
はる
＝張る〔一般用語。取り付ける、広がる〕 氷が張る、策略を張り巡らす、タイル張りの壁、テントを張る、根が張る、張りのある声
＝貼る〔限定用語。のりなどで付ける、付着〕 切手を貼る、貼り薬、ポスターを接着剤で貼る
〔注〕「タイルをはる」など、取り付ける意では「張」を使うが、貼付する工法を強調したい場合などは「貼」でも。「切りばり・はり替える・はり紙・はり出す・はり付ける・目ばり」など、〈接着剤で〉の場合は「貼」、迷ったときは「張」を使う。

国語辞典で「はる」という動詞をひくと、漢字表記は「張る」を掲げ、一部の語義に限って「『貼る』とも」という示し方をしていることが多い。これまでの新聞表記はそれを支えに「張る」に統一していたわけだが、一般には「切手をはる」などに「張」を使うと違和感をもつ人も多い。

しかし「張」と「貼」の使い分けを定義しようとすると一筋縄ではいかず、あれこれ苦労した結果が上記のような記述である。すっきりした分け方にならず、実際の作業ではどちらにすべきか迷うケースが多発すると思われるが、その場合は注にあるように「張る」を使うか、平仮名書きをすることになるだろう。

常用漢字表が中学・高校の漢字教育の基準にもなっているため、教育上の観点から「常用漢字表に字訓を多く採用すべきだ」とする意見もあるが、同訓の字を過度に増やしてしまうと、実際に使う上でどう使い分けるかの基準づくりが難しくなってしまう。漢字の意味を理解させるために必要な字訓と、実際に公用文や新聞記事を書くための目安である常用漢字表の音訓とは、分けて考えるべきだろう。

2-6　字体への影響

朝日新聞は戦後、「鷗」を「鴎」と略すなど、表外漢字に略字主義をとっていたが、2000 年の国語審答申『表外漢字字体表』を受け、2007 年 1 月から同答申に準拠した字体（例えば、鴎でなく鷗）を使っている。朝日以外に略字主義をとっていた全国紙も、現在では表外漢字字体表に沿った表記になっている。地方紙などには、JIS 漢字規格のうち表外漢字字体表を反映する改正が行われていない『JIS X 0208』が示す字体を使い、まだ同字体表に十分に準拠していないケースも見られるが、徐々に同字体表準拠の字体が広がる傾向にはある。

今回の常用漢字表改定では、追加漢字は基本的に表外漢字字体表の印刷標準字体が採用されたため、同字体表に準拠している新聞社にとって、字体上の影響は小さい。対応が必要なのは追加漢字のうち簡易慣用字体が採用された「曽、痩、麺」の３字ぐらいだが、朝日新聞などは「曽」はこの字体を使っており、その場合使用字体を変える必要があるのは「痩（←瘦)、麺（←麵)」の２字だけだ。朝日では現在、印刷標準字体と簡易慣用字体の両方を新聞製作システムに搭載しているため、今回は字面を作り替えるのではなく、仮名漢字変換辞書等での対応となる。

新聞社によっては、表外漢字字体表で新字体が一括許容されたしんにょう、しょくへん、しめすへんのいわゆる「3部首」について、その許容字体を使っているが、改定常用漢字表でもしんにょう、しょくへんの新字体が許容された（追加漢字にしめすへんの字は無かった）ことから、今回の改定に伴って許容字体を変更する予定はないとのことである。

今回の追加漢字の字体に関連し、多少心配があるのが「叱」だ。

改定常用漢字表の通用字体欄に掲げられた「口へんに漢数字の七」は、パソコン等で多く使われている国際文字コード『Unicode』における符号位置は「U+20B9F」。これはUnicodeのなかでも後から追加された領域であるため、現時点でこれに対応している新聞社のシステムはあまり無いと思われる（少なくとも朝日のシステムは未対応である）。

その場合、この字に関する対応は主に二つ考えられる。

一つは、改定常用漢字表でこの字の「デザイン差」字形とされた「叱」を使うことだ。Unicodeの符号位置は「U+53F1」で、これは当初から存在する領域であるため、Unicodeに対応した機器であれば問題なく扱える。もう一つは、Unicodeの私用領域に「口へんに漢数字の七」を外字として置くことだ。

実は朝日では――Unicodeの規定と異なる変則的な実装だが――U+53F1に「口へんに漢数字の七」の文字イメージを置いている。一方、共同通信社がUnicodeをベースに策定した配信用文字コード『UPRESS』では、私用領域に「口へんに漢数字の七」を割り当てている。

このように、「叱」は、常用漢字入りしたにもかかわらず符号位置が安定しない。あらかじめ設けた文字コード変換テーブルをくぐってくるデータは問題無いが、寄稿のように外部から臨時に提供されるデータに「U+20B9F」が含まれていた場合などに、担当記者が対応に戸惑うことが予想される。従来も文字コードの上では同じ問題をかかえていたのだが(といってもほんの数年前からだ)、常用漢字になったことで使用頻度が高まり、混乱の発生も以前より増えると思われる。

3.　新聞紙面はどう変わるか

新聞記事は（随筆などを除けば）文学的な言い回しは極力避け、誰にでもよく分かるように書かなければならない。その意味で、今回の追加字種や追加音訓のなかには、「憧憬」「妖しい」「創る」など、通常の新聞文章ではめったに使わないと思われるものも目に付く。「憧憬」には「しょうけい」と読み仮名を付けることを決めているが、いずれにせよほとんど登場しないだろう。

逆に、追加漢字のうち新聞で特に必要性の高い漢字（嵐、闇、脇、誰、謎、虎、亀、鍵、虹……）は、先行して使用している。それを考えると、多くの読者が気づくような変化があるとすれば、先に挙げた事件・裁判用語の表記変更ぐらいではないだろうか。使用頻度を考えると、追加字種よりも、「全て」「関わる」といった追加音訓のほうが、登場回数の上では多くなると思われる。

ほかに考えられる「変化」としては、これまで表外の字種・音訓だった「貼る」「混む」など（一見なにげないが）現代の感覚に沿った表記を採り入れることで、より読みやすくなることが期待される。作り手にとっては手間の増える部分もあるが、新聞にとって読みやすさは最も重要な価値のひとつである。

他方、既に述べたように、読みの難しい追加漢字は読み仮名を付けたり仮名書きしたりと、取捨選択をしている。1981年の常用漢字表で追加された95字はすべて新聞でもそのまま読み仮名なしで使ったのと比べ、大きく異なった対応になる。

その意味で、「常用漢字表の内か外か」という線引きの重みは、ますます薄れてきたと言える。今後も新聞は国の常用漢字表を目安にしつつも、独自の判断で使用漢字の取捨選択を行っていくことになるだろう。

そして、冒頭で触れた「賜杯」である。

やや古いデータだが、2001年にNHKが高校3年生6,000人を対象に行った調査では、「賜杯」を正しく読めた割合はわずか4.2%だった（『放送研究と調査』2001年10月号）。受験の準備などで比較的よく漢字を勉強していると思われる高3にしてこの数字だと、成長し大人になっても劇的に正答率が高まるとは考えにくい。

こうした字が、以前から、そして今後も、常用漢字表に含まれる。

改定常用漢字表答申には、表内であっても必要に応じ読み仮名を活用すべきであることが書かれている。以前からの表内字であってもこの考え方が適用されるべきだろう。

そこで朝日新聞としては、改定常用漢字表の追加字種・音訓の取捨選択と併せ、もともと表内にあった字種・音訓の一部に新たに読み仮名を付けることを決めた。具体的には、「畝　うね」「劾　ガイ」「繭　ケン」「賜　シ」「璽　ジ」「宵　ショウ」「塑　ソ」「嫡　チャク」「罷　ヒ」「詔　みことのり」「陵　みささぎ」「窯　ヨウ」の12字12音訓である。

これらを含め、今回の常用漢字表改定への朝日新聞の対応については2010年12月1日付紙面に掲載したので、ご覧いただきたい。

国語教育の現場から改定常用漢字表を考へる

前川孝志◉都立若葉総合高校教諭[▶1]

都立高校の入試で「出題不適当」とされ、全員に得点が与へられるといふ事件があつた。その原因となつたのは『音訓の小・中・高等学校段階別割り振り表』の存在であつたが、その表のことなど現場教師は誰も知らなかつたのである。『改定常用漢字表』とは、学校教育において学習すべき「習得目標」と位置づけるべきものである。一般社会においては「漢字制限のしがらみ」から一日も早く開放されることを望みたい。

1.　都立高校入試における5年前のある事件

以下に引くのは、2005（平成17）年３月の『TOSS高校通信第９号』[▶2]に載せた原稿の主要部分である。

> 発問１　以下に示すのは、今年（平成17年）の都立高校入試に出題されたものです。このうち出題が不適当だつたとして、受験生全員に得点が与へられることになつたのはどの漢字だと思ひますか。
>
> 【1】次の各文の＿＿をつけた漢字の読みがなを書け。
>
> (1) 紅葉が山々を彩る。

(2) 渓谷にかかるつり橋を渡る。
(3) 絵画展に秀逸な作品が並ぶ。
(4) 激しい雨を伴った風が窓に吹きつける。
(5) 海外旅行のために、旅券の発行を申請する。

発問2　答は（1）でした。では、なぜ（1）は「出題不適当」とされたのだと思ひますか。

(1)「彩」が常用漢字表の中に無い漢字だつたから。
(2) 訓読みの「いろどる」が常用漢字表の中に無い読みだつたから。
(3) その他。

答は「(3) その他。」である。つまり「彩」は通常では思ひつかないやうな理由によつて出題不適当とされたことになる。これについての新聞報道を見てみよう。

教科書範囲外の漢字の読み出題／都立高入試、全員に2点

都教育委員会は24日、前日の都立高校一般入試の国語で、すべての教科書では扱っていない漢字の読みがなを答えさせる問題を出題したとして、受験者全員を正解として扱い、2点を与えると発表した。

問題は大問1の（1）で、「彩る」の読みがなを出題、正解は「いろど（る）」だった。常用漢字の一つだが、中学3年までの教科書では多くの場合、この読みがなを扱っていないことが分かったという。（朝日新聞2005年2月25日付朝刊34面）

> **都立高入試でミス／習わない漢字出題／全員正解扱い**
>
> 都教育庁は二十四日、都立高入試の国語で、中学では習わない漢字の読み仮名を出題していたと発表した。「紅葉が山々を彩る」の「彩る」の読みを答えさせるもので、百点満点のうち二点。同庁はこの設問について、全受験生の解答を正解扱いすることを決めた。（読売新聞 2005 年 2 月 25 日付朝刊 33 面）

記事には「すべての教科書では扱っていない漢字の読みがな」「中学では習わない漢字の読み仮名」とある。その意味として、つぎのやうな場合が考へられるだらう。

①「すべての教科書では扱っていない漢字」の「読みがな」
②「すべての教科書では扱っていない」「読みがな」
③「中学では習わない漢字」の「読み仮名」
④「中学では習わない」「読み仮名」

つまり漢字に注目するか、その読みがなに注目するかの違ひだ（表内音訓も学校で教へる音訓も、漢字の持つ音訓のごく一部に過ぎない）。普通に読むと、①・③の意味、すなはちその出題漢字そのものが教科書に出て来ないといふ意味で理解してしまひさうである。だが、実際には②・④の意味、すなはちその出題漢字そのものは教科書に出てくるが、出題された読み方は出て来ないといふ意味に理解しなくてはならないことが後でわかつた。

ただ、朝日の記事では「多くの場合、この読みがなを扱っていない」ともあつて、「すべて」との表現と首尾一貫してゐない。

2. 「出題不適当」の真相とは？

さて、都立高校の現場ではどんな受けとめ方だつたのか。2月23日（水）に入試を実施し、翌24日（木）の午前中に採点を終了。点数をコンピュータに入力し終へ、入試業務も無事完了かと思ひきや午後1時頃になつて都から学校に次の連絡が入つた。

図1◉平成17年度東京都立高等学校入学者選抜学力検査（国語）の採点上の対応について［▶3］。

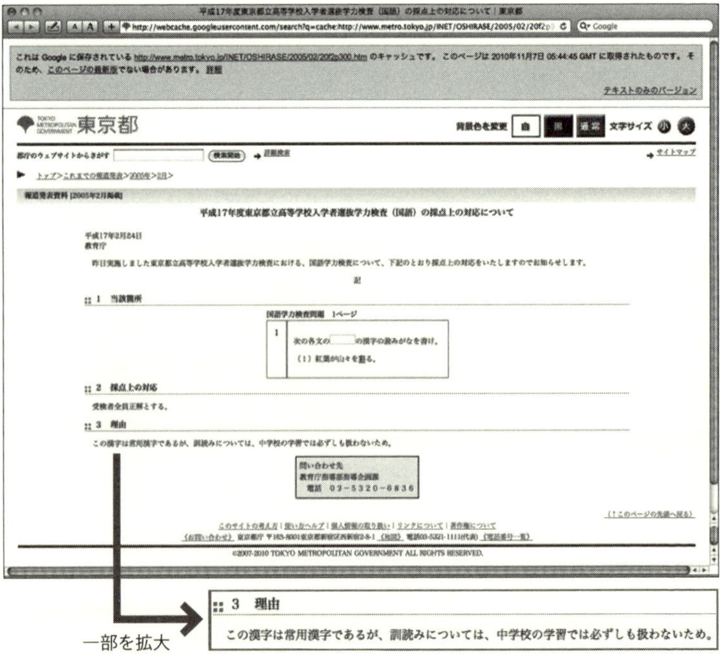

平成17年度東京都立高等学校入学者選抜学力検査（国語）の採点上の対応について｜東京都

http://webcache.googleusercontent.com/search?q=cache:http://www.metro.tokyo.jp/INET/OSHIRASE/2005/02/20f2p

これは Google に保存されている http://www.metro.tokyo.jp/INET/OSHIRASE/2005/02/20f2p300.htm のキャッシュです。このページは 2010年11月7日 05:44:45 GMT に取得されたものです。そのため、このページの最新版でない場合があります。詳細

テキストのみのバージョン

東京都

背景色を変更　白　黒　青　文字サイズ　小　大

都庁のウェブサイトからさがす　検索開始　詳細検索　サイトマップ

報道発表資料［2005年2月掲載］

平成17年度東京都立高等学校入学者選抜学力検査（国語）の採点上の対応について

平成17年2月24日
教育庁

昨日実施しました東京都立高等学校入学者選抜学力検査における、国語学力検査について、下記のとおり採点上の対応をいたしますのでお知らせします。

記

1　当該箇所

国語学力検査問題　1ページ

1　次の各文の［　］の漢字の読みがなを書け。
（1）紅葉が山々を彩る。

2　採点上の対応

受検者全員正解とする。

3　理由

この漢字は常用漢字であるが、訓読みについては、中学校の学習では必ずしも扱わないため。

問い合わせ先
教育庁指導部指導企画課
電話　03－5320－6836

©2007-2010 TOKYO METROPOLITAN GOVERNMENT ALL RIGHTS RESERVED.

3　理由

この漢字は常用漢字であるが、訓読みについては、中学校の学習では必ずしも扱わないため。

漢字の読みの問題の１番は、全員を丸にして２点を与へるやうに。空欄でも丸にすること。

すべての答案を見直し、指示通りに訂正した。が、この時点では、なぜこの出題が不適当とされたのか、その理由が判然としなかつた。辞書で確認してみても、「彩」は常用漢字表に入つてゐるし、「いろどる」といふ訓も示されてある。東京都教育委員会のウエブサイトに公開された報道発表資料を参照してみた（図１：下に部分的に拡大した画像を添えた）。

「必ずしも扱わない」とはどういふ意味なのか。「扱ふ場合もあるし、扱はない場合もある」といふことなのか。

そもそも、常用漢字表には1,945字の漢字が選ばれてをり、そのうちの1,006字が小学校で習ふ「学習漢字」として指導要領に定められてゐる。中学で習ふのは1,945字から1,006字を引いた、939字となる。

その中に、中学では習はないとされる漢字があり、それを出題してしまつたといふことなのか。もしかすると中学の先生方には常識的なことなのかも知れない。が、不勉強ながらこれまでそんなものがあると聞いたことはなかつた。

そこで中学の国語教科書を出版してゐる５社に問合せをした。その結果をまとめたのが表１である。

未提出漢字といふのは、常用漢字1,945字から、小学校で習ふ「学習漢字」1,006字を除いた939字のうち、中学３年間に教科書本文では扱はない漢字である。これらの漢字は、巻末の付録などに「未提出漢字」として表にして掲げたり、コラムで扱つたりなど、出版社によつてその扱ひが異なる。

「未提出漢字」といふのがあると聞いて、最初は「彩」がその中に含まれてゐるのかとも考へたのだが、表1に示した通り、どの出版社も学年は異なるものの「彩」は提出してゐるのだ。ただし、音読み「サイ」としてであつて、訓読み「いろどる」は扱はないらしい。その根拠となるものを、教科書編集者に教へてもらつた。それが『音訓の小・中・高等学校段階別割り振り表』[▶4]といふ文献である。48頁からなる大冊で、表紙の備考には以下の記述がある。

1. この表は、常用漢字表に示された漢字の音訓及び付表の語について、小学校、中学校及び高等学校の各学校段階ごとに割り振りを行ったものである。
2. (省略)
3. 各学校段階に割り振られた音訓は、各学校段階において指導する目安としての性格を有するものである。したがって、学校においては、教科書教材などとの関連を考慮して弾力的に取り扱うことができる。
4. この表は、平成3年2月27日の「学校教育における外来語及び音訓の取り扱いに関する調査研究協力者会議」の審議のまとめを受け、文部省において作成したものである。
5. (省略)

表1◉中学国語教科書出版社別漢字学年別配当数一覧

1年配当	2年配当	3年配当	未提出漢字	「彩」配当学年	出版社
300	350	229	60	2年「光彩」	光村図書
355	292	222	70	1年「色彩」	三省堂
300	340	225	74	1年「水彩画」	東京書籍
312	299	267	61	2年「色彩」	教育出版
300	354	225	60	3年「色彩」	学校図書

この冊子で「彩」を見ると、確かに「いろどる」は高等学校の欄に丸がついてゐる。教科書編集者の間では、「中音訓」「高音訓」と呼び習はしてゐるとのこと。つまり「いろどる」は「高音訓」だつたので、高校の入学試験では出題不適当だつたわけだ。

それにしても、不可解な思ひがぬぐひきれない。といふのも、漢字の音読みと訓読みは同時に学ぶのが基本だと思ふからである。例へば「彩」を学習するのに「サイ」といふ音読みだけを中学で学び、「いろどる」は高校になつてからといふのは実際には考へにくい。それなのに、「高音訓」なるものが定められてゐて、その読みは中学では扱はず、高校になつてから教はるのだといふ。

第一、高校教師である自分は、常用漢字表の中に高校で習ふと定められてゐる音訓があるなどと、それまで全く知らないで来た。先程の割り振り表で数へてみると、高音訓として分類されてゐる音訓は、延べで306も存在するのである。その中身もどうも疑問無しとしない。例を挙げてみよう。

- 「汚」の読みのうち、中音訓は「オ・よごす・よごれる・きたない」、高音訓は「けがす・けがれる・けがらわしい」となつてゐる。
- 「懐」など中音訓は「カイ」だけ。高音訓として「ふところ・なつかしい・なつかしむ・なつく・なつける」が示されてゐる。
- 「培」だつて中音訓は「バイ」だけ。「つちかう」は高音訓だ。
- 「焦」になると、中音訓として「ショウ・こげる・こがす・こがれる」が挙げられてゐるのに「あせる」だけは高音訓である。

- 「卑」はその反対で、中音訓としては「ヒ」のみだが、高音訓として「いやしい・いやしむ・いやしめる」が示される。
- 「翁」に至つては、中音訓に「オウ」とあるのみである。「おきな」はもともとの常用漢字表の音訓表に示されてゐない。

このやうな例はまだまだある。つまり、この割り振り表を見直すだけでなく、常用漢字表そのものを見直さないといけない時期に来てゐるのである。

3.　あまりに少なすぎる追加の訓読み

上記で取り上げた『音訓の小・中・高等学校段階別割り振り表』については、学校関係者に聞いてもその存在は全くといつてよいほど知られてゐないものだつた。それが、改定常用漢字表を受けて開催された『常用漢字表改定に伴う学校教育上の対応に関する専門家会議』の第１回会議の参考資料８として配布されたのだ[▶5]。この表が今後どのやうに取り扱はれてゆくのか、注目する必要がある[▶6]。

もつとも、件の割り振り表はもとより、常用漢字表の改定そのものにも現場の国語科教員はさほどの関心を持つてゐるとは感じられない。

2010年８月19日、『書育フォーラム2010』が開催された。そこで、文化審議会の国語分科会長を務めた林史典氏が「情報化と漢字——改定常用漢字表の意義——」と題して講演を行つた。参加者は20～30人といつたところで空席もあり、残念な感じがした。なにしろ今回の改定常用漢字表の中心人物が直接語るわけだから、せめて教育界からだけでももう少し注目されてもよいのではと思つた。参加費は無料だつたのに、さすがに国語分科会長の講演といふことで、参加者全員に『改定常用漢字表（答申）』の冊子が配布された。講演の内容は専門家でない聴衆に配慮してか、漢字政策のおさらひ的内容が大部分を占め、今回の改定に際しての裏話的なものはなかつた。講演後、質疑応答の時間が設定されてゐたので、以下の内容の質問をした。

> 講演の中でも触れてゐた通り、当用漢字表から常用漢字表になつたのは、制限から目安へといふ大きな方針転換があつてのことだつた。そして、漢字の読みでは訓読みが重要であるとの話だつた。それなのに今回の、追加の訓読みがあまりに少なすぎるのは、未だに当用漢字表時代の制限の名残から抜けてゐないのではないか。具体的に言へば、遺産・遺言の遺は「イ・ユイ」の音読みしか認められてゐない。しかし、この「遺」といふ漢字を教へるときに「のこる・のこす」といつた訓読みを同時に教へないことはあり得ない。また、高校１年生で学ぶ竹取物語に出てくる「翁」は、「おきな」といふ訓読みが認められてをらず、音読み「オウ」だけなのはどうしてなのか。訓読みが重要といひながら、音読みしか認めてゐない漢字がまだ多く存在するのはなぜなのか。

これに対する回答は、当用漢字改定音訓表（1973年）のときから進めてきてゐることであり、重要なことではあるが慎重にすすめなければならない。それゆゑ今回はあそこまでにとどまつた、といふやうな簡単なものでしかなかつた。

これはもう、当用漢字の制限のしがらみから抜けきつてゐないのだと言明したやうなものである。納得のゆく答とはとても言へなかつた。時間の関係で一部の指摘にとどまつたが、例として挙げた「遺」の訓読みとして「すてる・わすれる」なども入れるべきである。他にも、「禍」は音読み「カ」だけでなく「わざわい」も入れるべきだし、「雅」にしても「ガ」だけでなく当然「みやび」も入れるべきだらう。「寡黙」の「寡」は「カ」だけでなく「すくない」の訓読みを教へなければ無意味である。他にも訓読みが不足してゐる漢字はいくらも存在する。それにしても、今回の話を聴いても「常用漢字表の改定が本当に必要だつたのか」といふ根本的疑問は解けなかつた。

そもそも、2005年3月の文部科学大臣の諮問『情報化時代に対応する漢字政策の在り方について』[▶7]を受けて常用漢字表の見直しとなつたわけだが、その学校教育への影響力を考へたとき、漢字表そのものを見直すのではなしに、時代に応じた追加の漢字表を策定すればよい話ではなかつたのか。

常用漢字表は目安だとあれほど言ひながら、なぜ削除する文字を決めなければならなかつたのか。削除してもしなくても用途があれば使ふし、なければ使はないだけのことなのに。ふやすだけではなぜダメだつたのか。

審議会がすべきなのは、目安でありながら制限として機能してしまつてゐる状況に注意を促し、混ぜ書きは即刻やめるやうに働きかけ、周知してゆくことではなかつたかと思へてならない。

4.　混ぜ書きと『公用文作成の要領』

「混ぜ書き」の不可なることについては、『本が好き、悪口言うのはもっと好き』（高島俊男、文春文庫、1998年）所収「いやじゃありませんかまぜ書きは」に詳しい。高島は、「花き、安ど、位はい、えい航、完ぺき、こう配、こん身、し烈、ちょう落、てん末、同せい、はく離、復しゅう、破たん、抜てき、沸とう、ら致」など新聞記事から70以上もの用例を示しながら「このまぜ書きというやつは、見てのとおり甚だ見苦しいものだが、単に見苦しいだけでなく、二つの点でまちがっている」と詳細に論じてゐる。その2点とは次のやうな主張である（同書 pp.72-79）。

①〈文字を制限することは事実上言葉を制限することである〉〈安堵は安心と言えばいい、曳航はひっぱると言えばいい、完璧は完全と、勾配は傾きと、渾身は全身と、熾烈は激烈と、同棲は同居と、剥離ははがれると、復讐はかたきうちと、僧侶は坊主と、——いやそれはまずいかも知れんが単に僧といえばよい、というふうに制定者たちは考えたのである〉〈「花き栽培」などとけったいな書き方をせずに、花を植えるとか育てるとか言えばいいのだ〉〈それを、土台から出てきた規制だけを受け入れて、漢字は

使えないからかなで書いておきましょう、というのが、第一のまちがいである〉

②〈二つ目のまちがいはもっと大きな問題である〉〈たとえば、「ちょう」という音そのものはなんら固有の意味を持たない。長寿の「ちょう」なら長いという意味であり、懲罰の「ちょう」はこらすの意であり、調査の「ちょう」は調べるであり、挑戦の「ちょう」はいどむであり、諜報の「ちょう」はスパイであり、凋落の「ちょう」はしぼむであり、早朝の「ちょう」は朝であり、記帳の「ちょう」はノートであり、予兆の「ちょう」はきざしであり、……といくらでも並べられるが、とにかくこれらの語においては、言語一般の通例に反して、語の実体をになっているのは、長、懲、調、挑、諜、凋、朝、帳、兆等の字である。「ちょう」という音は、長、懲、調等の字の裏づけを得て初めて意味を持ち得る、まさしく影に過ぎない。「ちょう落」と書いて「ちょう」はしぼむの意と了解せよというのはナンセンスである。「ちょう」という音自体は、何ら「しぼむ」の意を帯びていないからである〉〈まぜ書きの不可の第二は、そのことを見落としているところにあるのである〉

混ぜ書きとは、結局のところ当用漢字表の背景にあつた、将来的な漢字廃止への過渡期的存在に過ぎなかつた。それゆゑ当用漢字表から常用漢字表に変はる時点で、明確に否定されるべきだつたのだと考へる。ところが、常用漢字表の制定当事者にはその自覚が薄く、結果的に混ぜ書きを生き延びさせることになつてしまつたのである。

例へば、国語審議会が1952（昭和27）年に作成した、混ぜ書きの元凶としての『公用文作成の要領』は形を変へながらも未だに現役であり、見直しの声は聞こえて来ない。

(2) 常用漢字表で書き表わせないものは、次の標準によって書きかえ、言いかえをする。（言いかえをするときは、「1　用語について」による。）

1　かな書きにする。

たとえば（一部省略）

ア　遡る→さかのぼる　名宛→名あて

佃煮→つくだ煮　艀→はしけ

看做す→みなす　委ねる（常用漢字表の音訓にはずれる。）→ゆだねる

イ　漢語でも、漢字をはずしても意味のとおる使いなれたものは、そのままかな書きにする。

たとえば

でんぷん　めいりょう　あっせん　等

ウ　他によい言いかえがなく、または言いかえをしてはふつごうなものは、常用漢字表にはずれた漢字だけをかな書きにする。

たとえば

右舷→右げん　改竄→改ざん

口腔→口こう

この最後の部分、明らかに混ぜ書きをするやうに指示して

ゐる。

なぜ今どきこんなことになつてゐるかといふと、それ以外は使つてはならないといふ制限漢字表だつた当用漢字表のときにできたからである。漢字使用の「目安」へと大きくその性格を変へたはずの常用漢字表になつてからも、単に「当用」を「常用」に変へただけで、その趣旨は公用文作成の要領に生かされることはなかつた。

今回の常用漢字表の改定に際して募集されたパブリックコメントにも、混ぜ書きを容認してゐるかのやうな現在の文化審議会・漢字小委員会に対する批判が数多く含まれてゐた。

何しろ当用漢字表の時代には、振仮名をつけなければ読めない漢字は使ふなといふのが国語審議会の考へだつた。それが常用漢字制定の審議の中で、必要に応じて振仮名を使用するのも一方法であるとされた経過がある。

だから、今回、改定常用漢字表を審議した方々には、過去の責任もきちんと果たしていただき、杓子定規になりがちな公用文作成の要領に対して、せめて混ぜ書きだけは避けて振仮名を使用すべしと提言してもらひたいと思つてゐた。混ぜ書きが「気持ち悪い」といふ感覚は健康なものであると私は考へてゐる。

改定常用漢字表とは、本来なら学校教育において学習すべき「習得目標」と位置づけるべきものである。学校現場においてはその教育的効果を考へて「音読み」と「訓読み」はきちんとセットで教へてゆくといふ見識を教師は持つべきだ。その一方で、一般社会においては漢字表による「漢字制限のしがらみ」から一日も早く開放されることを望みたい。

注

〔1〕 本稿の元となった発表当時。2012年4月、都立桜修館中等教育学校に異動。

〔2〕 発行／TOSS高校・専門学校ネットサークル高校通信編集部

〔3〕 現在はリンク切れ。原稿作成時に残つてゐたキャッシュを使用した。

〔4〕 平成3年3月11日文部科学省初等中等教育局長通知

〔5〕 「学校教育における音訓の取扱いについて」（平成3年3月11日、文部省初等中等教育局長通知）（http://www.mext.go.jp/b_menu/shingi/chousa/shotou/076/shiryo/__icsFiles/afieldfile/2011/03/04/1297504_01.pdf）

〔6〕 その後、以下のような文書として公開された。「常用漢字表の改定に伴って追加された常用漢字の音訓及び付表の語についての学校教育における取扱いについて（通知）」（平成23年3月30日、文部科学省初等中等教育局長通知）（http://www.mext.go.jp/b_menu/hakusho/nc/1304421.htm）

〔7〕 「文部科学大臣諮問（平成17年3月30日）」（http://www.bunka.go.jp/kokugo_nihongo/bunkasingi/kokugo_29/shiryo_4.html）

改定常用漢字表で情報システムはどうなるのだろう？

関口正裕◉富士通株式会社／ITSCJ SC2 専門委員会

私はITSCJ（Information Technology Standards Commission of Japan／情報処理学会情報規格調査会）という、情報技術に関する国際標準の対応をしている組織に参加しています。その中にSC2専門委員会という文字コードの国際標準を担当しているグループがあり、私はそこの委員長を拝命しています。

文字コードの標準化の委員会にいるので、常用漢字についても規格・標準に関する話をすることが多いのですが、規格は現場よりも一歩下がったところの話です。しかし今回は、現場の、実際の情報システムの話をしたいと思っています。

1　改定常用漢字表で「困る字」

今回の改定常用漢字表で増える字・減る字は昔からコンピューターで使える字ばかりです。ところがさまざまな理由で、ちょっと困ってしまう文字があります。

「困る字」は3つのグループにわけられます。

1-1　改定常用漢字表で「困る字」：グループA

餌(餌)　遡(遡)　捗(捗)……

グループAは、字体が合わない場合がある字です。

2000年に国語審議会（現・文化審議会国語部会）から印刷標準字体が出され、それに合わせて2004年にJISが規格を調整しました。これをJIS2004といいます。このときに規格が掲示する、目安となる例示字形を変えました。それまでは右側に書いてある簡易慣用字体を掲示していたのですが、印刷標準字体と同じ左側の字体にしたのです。情報機器の多くはJIS2004を見て作っていますので、それ以降に新しく作ったものは左側の字体を使うようになってきています。

しかし規格が変わったのは最近のことなので、それ以前に作られたものとは、字体が統一されていません。ですから、同じ字なのに字体が合わないことがあるのです。

情報機器はハードウエアの部分、ソフトウェアの部分、ソフトウェアの中でもインフラの部分からアプリケーションの部分まで、いろいろなものが集まってできています。みなさんがよく使っているパソコンをひとつとっても、いろんなものを集めて全体ができています。ですから、たとえば同じパソコンでも、選ぶフォントによって、簡易慣用字体と印刷標準字体が統一されない場合すらあります。

一部のシステムでは同じフォントで二通りの字体を使い分けるしくみを持っていますが、あまり一般的ではありません。一般にはひとつの文字コードでひとつの字体ですから、使い分けることはできません。これは「実装の問題」だと言えます。

1-2　改定常用漢字表で「困る字」：グループB

塡(填)　剝(剥)　頰(頬)

グループＢは「ちょっと困る文字」です。

この３文字は、次に説明するグループＣの１文字と合わせて、４文字１組にして考えることもあります。

このグループの文字は、印刷標準字体と、印刷標準字体ではない簡易慣用字体が、文字コード上で別のコードになっているものです。この「別のコードになっている」ということをとって、「使い分けられて便利だ」と言う人もいますが、逆にいうと、文章を書くときには使い分ける意図があろうとなかろうと、どちらかを選んで書かざるを得ません。ですから、両方が混在する状態が続くでしょう。

今回の改定常用漢字表は、字体に関してあまり言葉が割かれていませんが、2000年に定めた印刷標準字体は、まさに字体を決めたものなので、「字体とはどうあるべきか」についていろいろなことが書いてありました。そこからは、「同じ字はみんなが同じ字体で書いたほうがいい、同じ字に対して複数の字体が混在して使われているのはよくない」という考えかたがにじみ出ています。

そういう意味で、ここに示している３つの文字について、コンピューターの文字コードの都合で字体が混在する状態が非常に長く続くのは、よくないことなのだと思います。

このグループの文字でもうひとつややこしいのは、3つの文字でシフトJISに入っているのは簡易慣用字体だけだということです。印刷標準字体＝今回の常用漢字表に掲載されている字体は、シフトJISには入っていないため、Unicodeが必要です。

シフトJISは伝統的に日本のパソコンで昔から使われている文字コードで、いま日本でシフトJISが使えないパソコンは考えられません。Unicodeは比較的新しい文字コードで、OSレベルではWindowsでもMacintoshでも携帯電話でも、Unicodeを使えるようになっていますが、OSの上で動いているアプリケーションやその他の環境がきちんと揃っていないため、Unicodeが自由自在に使えるという状況にはまだなっていません。

つまり、ここに示している3文字は、簡易慣用字体と印刷標準字体が別の文字コードのため、ユーザーが使い分ける必要があるけれど、使っているソフトウェアや機器によっては簡易慣用字体しか使えないのです。これは微妙な部分もありますが、「規格の問題」だと言えます。

1-3　改定常用漢字表で「困る字」：グループC

叱(𠮟)

グループCは1文字です。

これはグループBと同じ性格で、簡易慣用字体と印刷標準字体が別のコードを持っています。先ほど、シフトJISの外の印刷標準字体を使う場合は、Unicodeに対応しているもので揃える必要があると書きましたが、Unicodeの中にも実際にはさまざまな区分があり、使いやすい領域と使いにくい領域があります。使いやすい領域をBMP(Basic Multilingual Plane/基本多言語面)といい、グループBの3文字はBMPに入っています。しかし、グループCはBMPの外側の、使いにくい領域に入っているのです。

使いにくい領域はいろいろな呼び方をされますが、私は「拡張領域」と言っています。他に「追加面」、「サロゲート」、「4バイト」と呼ばれることもあります。

Unicodeに対応しているソフトウェアや機器はそれなりに増えてきていますが、拡張領域への対応をしていないものは多くあります。たとえば朝日新聞社さんのシステムはUnicodeの拡張領域には対応していないというお話しがありましたが、朝日新聞社が特別に遅れているというわけではなく、同じようなソフトウェアは多いのです。

ですから、このグループの文字は、少なくとも現在は、規格通り使おうと思っても、改定前の字体しか使いようがない場合が多くあります。

この文字については国語審議会の答申の中にも「この違いはデザインの違いで、字体の違いとは考えません」という言及があります。

1-4　実際にどのように困るのか?

では、ここまで説明してきたことは、実際にパソコンなどを使うときに、どのように影響してくるのでしょうか?　電子メールやウェブを例にして説明します。

ほとんどの方は気にする必要のないことですが、日本語の電子メールの送受信には、ふつう ISO-2022-JP という文字コードが使われています。これは今日の話題についてはシフト JIS とほとんど同じ特徴を持っていて、グループ B・C の 4 文字は、改定常用漢字表に掲載されている字体では使えません。つまり電子メールで送れないのです。

こう言うと、「いやいや、使えるよ」、「ESC 2/4 4/0 で指示すればいいんだ」と言う人が出てきます。私自身も言うことがありますし、技術者同士の話題としては興味深いものではあるのですが、現実問題としては使えないと言っていいでしょう。

とはいえ、「グループ B・C の文字は Unicode であれば使えるのだから、電子メールでも Unicode を使えばいいのでは？」という疑問はもっともです。実際に Unicode が使えるメールソフトもあり、徐々に増えてもいますが、私は Unicode でメールを送るのはまだリスキーだと考えています。

なぜなら、メールソフトには非常にたくさんの種類があるからです。メールの問題は送る側が Unicode に対応したソフトを使うだけでは解決しません。メールを受け取って読む人も、Unicode に対応したメールソフトを使っていないと読めないのです。あなた自身がメールを送るときに、相手がどういうメールソフトを使っていて、そのソフトは Unicode に対応しているか、わかっているでしょうか？

そう考えると、受信者も Unicode に対応したソフトを使っていると間違いなくわかっている場合以外、Unicode のメールは怖くて送れません。

さらに、Unicodeに対応しているメールソフトであっても問題はあります。

図4の上は、Windows XPには標準でついてくるOutlook Expressというソフト、下はあまり有名ではありませんが、最近私が使っているSylpheedというソフトです。これらのメールソフトを使って、グループB・Cの文字が書かれたメールを送ろうとすると、図のようなウィンドウが出

図4◉ UTF-8が必要なメールを送ろうとすると表示されるウィンドウ

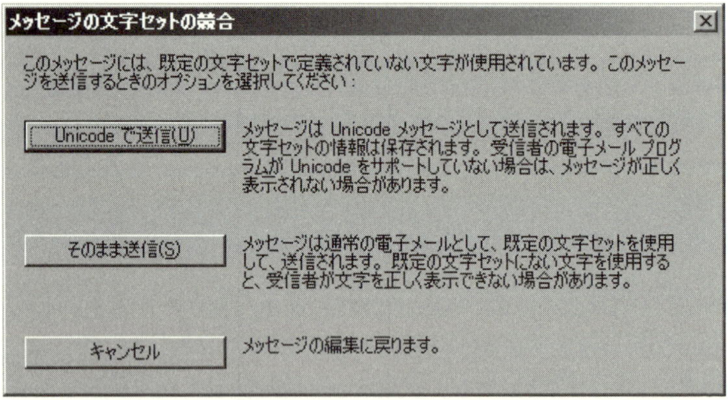

Outlook Express 6.0（Windows XP）

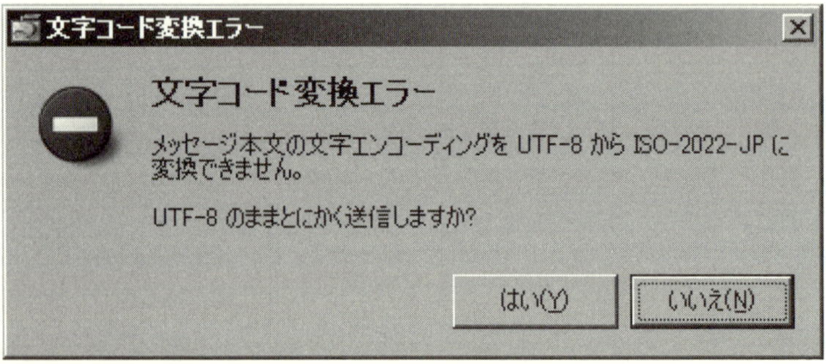

Sylpheed 3.0.3

ます。上は細かい文字でいっぱい書いてあって意味もよくわかりませんが、「キャンセル」以外の選択肢はどちらも「正しく表示されない」「正しく表示できない」と書いてあり、どちらを選んでも困ったことになりそうな気がします。下は非常に明確で、エラーだと怒られています。そのうえで「とにかく送信しますか」と書いてありますから、「はい」と選ぶには相当な勇気が必要です。「はい」を選ぶとUnicodeでメールを送り、「いいえ」を選ぶと無難なISO-2022-JPで送る、というダイアログですが、そういう意味だとはわからない人のほうが多いでしょう。

私自身は、今現在では、知らない人にUnicodeのメールを送りつけるのは危険だと考えています。メールソフトを開発する人も同じように考えて「本当にいいの？」と聞いてくれているのだと思いますが、普通のユーザーには判断できないでしょう。

メールソフトの中にはMozilla Thunderbirdのように、何も言わずにUnicodeでメールを送ってしまうものもありますが、Unicodeの普及活動をしている私ですら、「メールソフトかくあるべし」と思ういっぽう、「ちょっと大胆だな」と言わざるを得ません。

「常用漢字を改定して、文字が増えました。その中には標準の字体が変わった文字があります」と見せられると、メールを書くときにも改定常用漢字表の字体を選ぶ人が増えてくるでしょう。しかし、使われているメールソフトの中にはUnicodeに対応していないものもまだまだありますので、心配しています。

グループAの字は、相手のパソコンやソフトが対応しているかどうかによって、常用漢字表の字体で表示されたり、簡易慣用字体で表示されたりする心配はありますが、字体が変わることを除けば、メールの送受信には問題がありません。ですから、字体がとても重要だという特別の場面以外は、あまり気にせずにどんどん使っても大丈夫です。

字体が重要な場合、たとえば常用漢字の字体に準拠した方針で運営している官公庁などのウェブサイトでは、ちょっと困るかもしれません。

実は印刷標準字体ができたときにも、「常用漢字との違いについてはこういう言い訳をしましょう」というパンフレットが作られたりしました。そのときには「常用漢字ではない漢字は、目安として使わないほうがいいでしょう」というのを言い訳にして、「一部の常用漢字表外の字が」という書き方をしていました。しかし今度の改定で浮上してきた４文字は常用漢字です。どういう説明をすると無難に言い訳できるかは、ちょっと難しい問題です。

グループＢ・Ｃの４文字は、メールだけではなく、ウェブでも使うのを控えて、仮名で書いたり、規格改定前の字体を使うほうがいいと考えています。そうすると、また言い訳をしなければならないのですが、これも言い回しが苦しくなりそうです。

ウェブサイトについては、企業や学校が作っているものは、管理者が注意することによって、無難な範囲内で運用ができると思いますが、心配なのはブログや個人のサイトなどです。一般の人が文を書くものについては誰も統制しませんから、特定の４文字が読める読めないというトラブルが起きてくるのではないかと考えています。

それから、家庭や会社のパソコンでは、報告書を書いたり、プレゼンをしたり、表計算ソフトを使って見積り書を出したり、年賀状を作ったりもしています。これらはデータの寿命が短いため字体が問題になることは少なく、切り替えにあまり困難は起きないと思います。しかし、電子メールやウェブと同じ問題が起きないわけではありません。家庭でパソコンを使っている人は専門家ではありませんので、なにが起きたかさっぱりわからないが、文字が化けてしまった、という事態も考えられます。ですから、誰にでもわかるように噛み砕いた説明で伝えていく努力が必要でしょう。

2　業務システムでは、どう困るのか？

業務システムでは、また別の問題があります。業務システムは、コンピューターがたくさん組み合わさって動いていて、みなさんがふだん目にしているデスクトップパソコンやノートパソコンだけでなく、ネットワークの向こう側にいくつものサーバーがつながっています。サーバー自体もひとつのコンピューターではなく、大きなものが何台も組み合わさって動いています。これが業務システムです。

日本の典型的な業務システムは、何台もあるコンピューターの文字コードはバラバラで、シフトJISやUnicodeなどさまざまな文字コードをいちいち変換しながら動いています。

なぜそんなふうになっているのかには、いろいろ理由がありますが、主に歴史的な理由が大きいのです。

業務システムを作っている人たちは、データベースを変えることをすごく嫌がります。業務アプリケーションが使うデータは、普通のファイルではなくデータベースに入るのですが、データベースは迂闊にいじると壊れて使えなくなってしまう可能性があります。実際にトラブルも多く、データベースを取り替えるのは非常に難しいのです。だからみんなできるだけ触らずに、そのまま使い続け、結果として、シフトJISがデータベースのなかに残っている。

また、業務システムはふつう、一気に取り替えず、すこしずつ直して使い続けます。たとえば富士通は、自社で使うための業務システムを3000種類ほど持っていますが、それぞれが関係を持ちながら連動して動いてるので、年中どこかしらのシステムを新しいものに取り替えたり、機能を追加したりしているいっぽう、一気に取り替えることは不可能に近いのです。

こういった理由で業務システムの文字コードは、作ったときと同じものが使われています。そのうえ近年は不景気が続いていて、情報システムへの投資には抑制傾向が続いています。情報システムには、文字コード以外にも、直さないと会社の仕事にならないところがありますから、それすら満足に対応できない状況では、Unicodeへの対応が後回しになる事情も理解できます。

情報部門の現場を見ると、シフトJISからUnicodeへの移行を準備している人は多く、今は直せないけれど直す必要のある個所の調査だけは進めたりしています。

2-1　改定常用漢字表への対応方法

3つのグループのうち、グループAの文字への対応はフォントを入れ替えるだけですから、それほど難しいものではありません。しかし、フォントはサーバーの中ではなく、一般ユーザーが使うすべてのパソコンに入っているものです。たとえば従業員が100人くらいの会社であれば、みんなで一斉に入れ替えることもできるかもしれませんが、従業員が数千人や万の単位になったり、取引先の人がインターネットを経由して外から業務システムを使っている場合は、すべてのパソコンに入っているフォントを一斉に入れ替えることはできません。単純なものでさえ、業務システムの更新の困難は大きいのです。

グループB・Cの4文字について長く説明をしてきたのは、業務システムがシフトJISで動いているのが最大の理由です。私は、業務システムについては、常用漢字表に出ている字体とは違う字体で我慢するしかないと考えています。

ただし、字体が違うことを許してもらえないところ、具体的にいうと官公庁が国民に向けて出す公文書などに関わるシステムは常用漢字表の字体に対応しなくてはいけません。PUA（Private Use Area／私用領域）という、勝手に字を作れる領域を使って凌ぐなどの方法が考えられます。

富士通は情報システムを作ってお金をいただくのがメインの仕事ですから、「改定常用漢字表が出たので、全部Unicodeを使うように業務アプリケーションを直して欲しい」というお客様が増えて、直す仕事を発注していただけると、売り上げが増えて嬉しいという面はあります。しかし、システムの変更には莫大なお金がかかりますから、常用漢字が変わったというだけの理由では、そこまでやる価値はないと私は考えています。

もちろん、他の理由があってシステムを取り替える必要があれば、同時にUnicodeにも対応することはあり得ると思います。

こういうことを経営者の方から業務システムに関わるすべての人に対してきっちりと説明して、「うちのシステムは常用漢字を使えないのか？」という疑問に応えていかなければなりません。

グループＢ・Ｃの４文字を、改定常用漢字表の字体ではない字体で運用するためには、文字を入力するときにチェックする必要があります。

図５のように、最近の日本語入力ソフトは、グループＢ・Ｃの４文字については、簡易慣用字体と印刷標準字体の両方が候補として出てきます。そのうえ親切に「これはこういう字だよ」と説明が書いてあるのですが、技術的な観点で安全なほうに振っていて、シフトJISでは使いにくいほうの字に、「本当に大丈夫？」という説明をつけています。

図は「はくり」を変換して、両方の「はく」を使った字が候補に出ているところですが、改定常用漢字表の字体に「環

図５◉MS-IMEでグループＢ・Ｃの文字を入力しようとしたときの表示

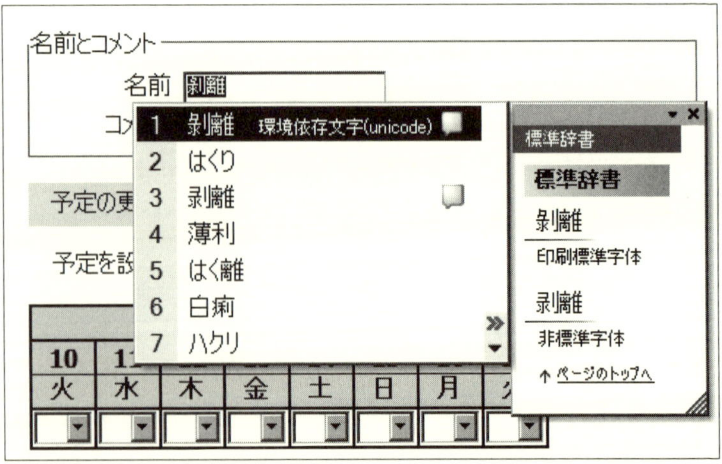

境依存文字（unicode)」という注釈をつけています。これを見て、「あぶないかな」と遠慮してくれるエンドユーザーはいいのですが、入れる人は入れてしまうでしょう。システムが改定常用漢字表の字体に対応していない場合、処理できない文字が入ってくるとデータが壊れてしまう可能性もあり、たいへん困ります。

ですから、入力するときにチェックして、図6のように弾く必要があります。

使えない「剝」の字を入力した段階で、「この文字を使ってはいけません」と出して訂正してもらわないといけない。

このようなチェックは、JIS2000が印刷標準字体に対応したときにもありました。富士通でも、担当SEがお客様のところに行って、「こういうチェックをしないと危ないですよ」という話をしています。しかしあくまでも、印刷標準字体への対応は、常用漢字外の話でした。今度は常用漢字内のことですから、エンドユーザーのみなさんがふつうに使う可能性はより高いといえるでしょう。

図6◉業務アプリケーションでの対応例

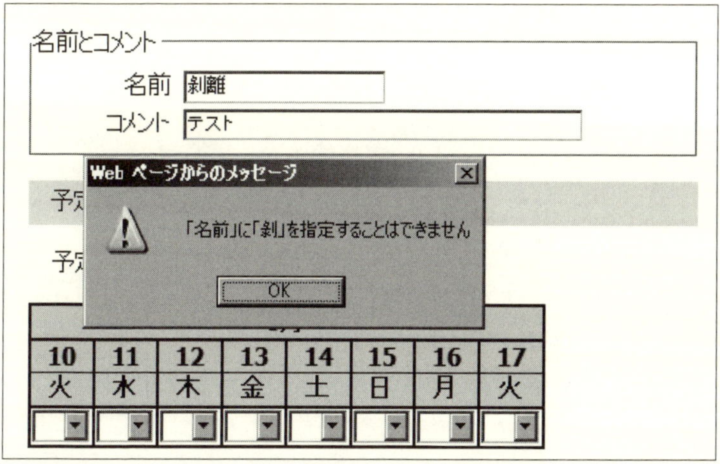

一般的な業務システムは、あまり漢字の字体にはこだわりませんし、常用漢字の範囲という縛りもゆるく、おおらかに運用しているものが多いので、あまり心配はありません。特定の4文字だけ気をつければ大丈夫でしょう。

2-2 戸籍、税務システムは困らないのか？

常用漢字が変わって、字体にうるさい戸籍や住民帳簿を扱う自治体のシステムは困るのではないか、と考える人もいますが、実はほとんど困らないようです。なぜかというと、戸籍や住民票を扱うシステムは、もともと常用漢字だけではまったく足りず、はるかに広い範囲の漢字を使えるように特別な仕組みになっているからです。しんにゅうの点が1個か2個かなど、細かいところも全部使い分けられるようにできている。だから、自治体の外と情報交換するときを除けば、あまり心配いりません。

また、税務関係のシステムで一般向けの電子化が進んでいます。個人では「Eタックス」で確定申告ができますし、法人では税金関係の申告のほとんどが電子的にできます。これらはXMLベースのデータで、文字コードはUnicodeのUTF-8を使っています。税務関係のデータですから、氏名や法人名がたくさん出てきます。氏名や法人名は正確に表記することが原則ですが、利用できない文字は適当に代用していいというルールになっています。

利用可能な文字はCJK統合漢字と仕様書に書いてありますが、8万文字全部を使っていいわけではなく、「別の表にあるもの」に限定されています。その別の表ではBMPの漢字2万数千文字をすべて列挙して、使ってはいけない文字に網掛けをしてあります。残っている使っていい文字は、おおむねシフトJISの範囲です。

さて、これまで説明してきたグループＢ・Ｃの４文字は、どうなっているでしょうか。実は、この４文字は網がかかった使えない字とされていて、使えるのは規格改訂前のほうだけです。これらの漢字が常用漢字になったことで税務署はどうするのか心配ですが、現実的に考えると、改定常用漢字表に出ている字体だけに対応するのは難しそうです。

さらに心配なのは、「利用可能な文字は正確に表記してください」というルールです。これは、適当に代用していいのは利用できない文字だけだということです。税務署が頑張ってシステムを直して、シフトJISでうまく使えない４文字を扱えるようにすると、申告する人も改定常用漢字表の字体を使って申告しなくてはいけなくなるかもしれません。

これがどう心配なのかというと、たとえば会社から給料をもらうときに天引きされている源泉徴収にも関係してきます。源泉徴収した金額は、会社が税務署に申告しています。社員の名前にグループＢ・Ｃに４文字のどれかが含まれていた場合、これまではシフトJISで使える字で代用していればよかったのですが、代用を許さないと言われると、各企業のシステムも変更しなくてはいけません。これはぜひとも従来通りを維持してほしいと思います。

3　まとめ

改定常用漢字表による情報システムへの影響は、文字コードの都合でちょっと困る部分がありますが、世界がひっくり返るわけではありません。情報システムにはさまざまなものがあり、要件や環境が異なるため、改定常用漢字表の影響もさまざまです

電子メールやウェブサイト、ブログなどは「一般の社会生活で国語を書き表す」典型的な場面です。こういった場面こそ常用漢字の出番ですが、技術的な理由で若干の混乱は起きるかもしれません。

その他のワープロ、表計算、プレゼンテーションなどの場面では、あまり問題はありません。

業務システムは、業務の内容にもよりますが、多くの場合「国語を書き表す」のが目的ではないため、影響は少ないでしょう。現実問題としても、簡単に変更できない事情があるため、改定常用漢字の浸透には時間がかかると思われます。

戸籍や住民情報などを扱うシステムは、もともと常用漢字を超える漢字を扱っているので、今回の改定常用漢字表による問題はあまりありません。

税務のような行政上の常用漢字使用の建前と、技術的な都合が折り合わないような場面は、ちょっと心配です。

このように改定常用漢字の影響は状況によってさまざまですが、個人的には、字体についてはおおらかに考えていただきたいと思っています。

第2章

「漢字調査」から考える

ウェブ上における使用実態統計から改定常用漢字表を考える

萩原正人◉バイドゥ株式会社プロダクト事業部[▶1]

現行の常用漢字表が制定されたのは29年前の1981年。それ以来、情報機器の普及、ウェブの発展によって、漢字をはじめとすることばの使用実態はどのように変わってきているのだろうか。今回、ウェブ上の言語現象を、正確な時間と共に記録した「Baiduブログ・掲示板時間軸コーパス」をバイドゥ株式会社独自に構築し、ブログや電子掲示板などの「新しいウェブ」における漢字の使用実態を調査した。若者言葉の最先端において起こっている「変化」に照らし、改定常用漢字表を見つめ直すきっかけとしたい。

1.　背景

現行の常用漢字表が制定されたのは、29年前の1981年である。それ以降、情報機器・インターネットの発展、特に、日本語仮名漢字変換・ワードプロセッサソフトウェアの普及、掲示板やブログ、SNSなどのインターネットサービスの発展により、漢字の使用状況に大きな変化が生じている。そこで、29年前に制定された常用漢字表に対して、〈情報化の進展する現在においても、「漢字使用の目安」として十分機能しているのかどうか、検討する時期に来ている〉[▶2]との問題意識の下、『改定常用漢字表』が2010年6月7日文化審議会によって答申された。2010年末には内閣告示・訓令となると見込まれている。

〈一般の社会生活において、現代の国語を書き表す場合の漢字使用の目安を示すもの〉[▶3]との定義通り、『常用漢字表』を考えるにあたっては、漢字の使用実態を定量的にとらえることを避けては通れない。実際、改定常用漢字の選定にあたっては、本稿において述べるように、各種の「漢字出現頻度調査」が参考にされた。しかし、この漢字出現頻度調査においても、ウェブにおける漢字の調査が「補助資料」という位置づけであったり、そもそも調査自体に問題があったりと、ウェブを含む一般の社会生活における漢字使用を正確に反映しているとは言い難い。そこで、「漢字の使用実態を明らかにする」という目的に対して本稿では、ウェブ、その中でも特に、ブログや掲示板などの「新しいウェブ」を対象にし、漢字の使用実態を調査した。若者言葉の最先端において起こっている「変化」に照らし、改定常用漢字表を見つめ直すきっかけとしたい。

1-1　新しい常用漢字制定の流れ

ここで、改定常用漢字制定の流れに簡単に触れておく。まず、一般社会においてよく使われている3,500字を機械的に選び、そこから絞り込むことによって選定する。絞り込みでは、具体的には、この3,500字のうち上位2,500位以内の常用漢字については基本的に残す方向とする。その他の表外漢字を出現順位に応じて候補漢字S、A、Bと分類し個別に検討、そこから追加字種候補を選定、その後意見募集で寄せられた意見を考慮し再度見直し、最終的に新たに常用漢字表に追加する字種を決定する。

この3,500字の選定の際に実施されたのが、以下の表にある各種の漢字出現頻度数調査である[▶4]。

このうち、資料Aを基本資料、資料B以下を補助資料として位置づけている。すなわち、基本資料としては書籍データのみが考慮されており、新聞やウェブサイトのデータはあくまで補助資料という位置づけである。

1-2 『漢字出現頻度数調査(ウェブ)』の問題点

資料E『漢字出現頻度数調査(ウェブ)』の内訳は、以下の通りである。

データa：ブログ・ニュース記事等
データb：掲示板サイトの投稿

このうち、データaについては、ニュース記事やプレスリリース等が中心であるため、使用言語という意味では上記資料の資料C、資料Dと内容に大差がないと予測される。一方、データb中の漢字の出現頻度を観察すると、「鬣」とい

表1◉常用漢字表の選定に使用された資料

	総対象漢字数	調査対象としたデータ
資料A 漢字出現頻度数調査(3)	49,072,315	書籍860冊分の凸版組版データ
資料B 上記資料Aの第2部調査	3,290,795	資料Aのうち教科書分の抽出データ
資料C 漢字出現頻度数調査(新聞)	3,674,613	朝日新聞2ヵ月分の紙面データ
資料D 漢字出現頻度数調査(新聞)	3,428,829	読売新聞2ヵ月分の紙面データ
資料E 漢字出現頻度数調査(ウェブサイト)	1,390,997,102	ウェブサイト調査の抽出データ

う文字（「蚕」の異体字）が31位に入っていたり、「醴」「欝」など、通常の使用では滅多に用いられない字が上位に存在したりしているが、これはアスキーアート[▶5]の影響によるものである。具体的には、漢字を隙間なく並べ、その濃淡で絵を表現するある種のアスキーアートが大量に出現したため、それによって漢字の頻度が「ウェブ上の漢字使用実態」とかなり乖離してしまっていることが懸念される。そのため、『漢字出現頻度数調査（ウェブ）』は、データａが本体、データｂおよび全体が参考という位置づけで使用されており、データｂは選定作業には採用されなかった[▶6]。

なお、データａ、ｂのどちらも2007年の２月、４月、６月のそれぞれ１ヵ月ずつ、計３ヵ月分の集計である。しかしながら、４節にて示すように、ウェブの言語現象は季節要因が強く、集計した時期に応じて漢字の使用頻度が大幅に変動する可能性がある。さらに、３ヵ月という期間は、漢字の長期的な使用実態の変化を明らかにするためには短すぎる。

以上まとめると、アスキーアートの影響と、期間という二つの問題がある。1-1節で述べたように、ウェブの発展に伴い、そこで起きている言語現象、漢字の出現傾向を捉えることは重要であると考えられる。よって、より長期間および高品質のウェブコーパスが必要であると考えられる。

2. Baiduブログ･掲示板時間軸コーパス

2-1 概要

そこで我々筆者らは、ウェブ上の言語現象をより正確にとらえるために、『Baiduブログ・掲示板時間軸コーパス』（以下、本稿では「本コーパス」と呼ぶ）を構築した。本コーパスは、ウェブ上のブログおよび掲示板の言語現象を、それらの発生した時間と結びつけて大量に収集、記録したものであり、具体的には以下の特徴を持つ。

- 大規模：バイドゥ株式会社の有する、ウェブ検索用にクロールした大量のウェブデータを使用している。本稿ではそのうち一部を用いた調査結果を掲載しており、調査対象の規模はおよそ2億字、『漢字出現頻度数調査（3）』（資料A）の約5倍、『漢字出現頻度調査（ウェブサイト）』（資料E）の約5分の1である。テキストの抽出方法については2-3節「テキスト抽出」を参考のこと。
- 長期間：1992年〜2010年7月の言語現象を収録している。ただし、本稿においては、クロールしたウェブデータのうち、十分な統計の得られる2000年以降を対象とした。
- 時間軸：言語現象とその発生時間（秒単位）を結びつけて記録している。これにより、日・月・年単位、および、時間・分単位など、任意の粒度、切り口での言語現象・統計の解析が可能になる。記録方法については2-2節「構築方法」を参照のこと。
- 高品質：アスキーアートなどのノイズの混入を最小限に保ち、質の高い日本語言語現象を収集するために、高精度な文フィルタリングを施している。文フィルタリングの詳細については2-4節「文フィルタリング」を参照のこと。

なお、類似したWebサービスとして、Googleは『タイムライン』と呼ばれる機能を公開している（図1)。これは、ユーザーの入力したクエリ（キーワード）を用いてWebページを検索し、ページ内のキーワード付近の年代・日付表現を抽出、その傾向を時間軸上のグラフを用いて表示するものである。キーワードの経年変化を大まかに捉えることができるものの、単に近くに出現する日付表現を抽出するだけの単純な手法に基づいていると推測され、正確な時間が求められない場合があり、漢字使用傾向の経年変化を調べるという今回の目的には適さない。

一方、鍛冶らは、新語の出現傾向を調べるために『大規模時系列ウェブアーカイブ』を構築している[▶7]が、彼らはある時点までにクロールしたウェブページリポジトリを用いているため、その時点でのウェブのスナップショットを捉え

図1◉Googleの『タイムライン』機能

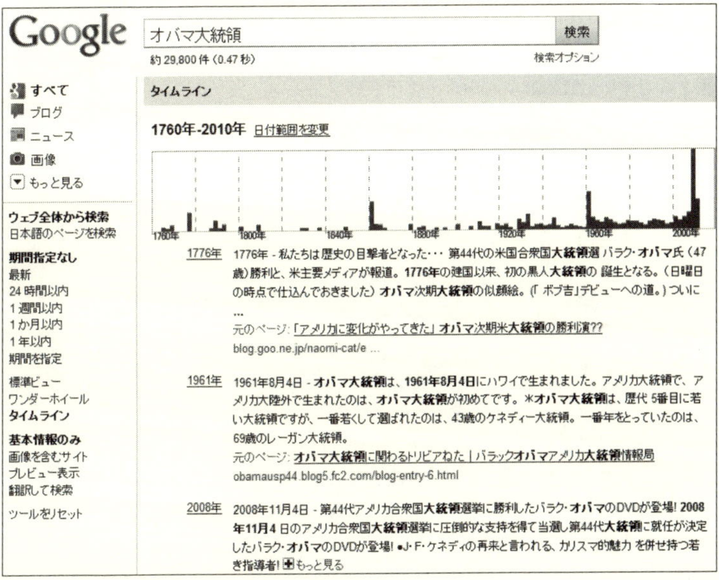

ることはできるが、それより前のウェブページ等も含まれてしまうため、「ある時点での言語現象だけを正確に切り取る」という目的には使えない。

2-2　構築方法

本コーパスでは、ブログおよび掲示板のデータを対象とした。言語現象の発生した時間すなわち書き込まれた時間を正確に認識するため、それぞれ以下の方法により収集した（なお、2-2節から2-4節では技術的な詳細を含むので、コーパスの概要のみを理解する上では飛ばしても構わない）。

- ブログ：ブログには、RDF／RSS／ATOMなどのメタデータが共に配信されているのが普通であるため、ページ内埋め込みのRDFも含め、これらのメタデータを収集した。RDFについてはitem要素内のdescriptionを本文、dc:dateを時間として

図2◉日本における典型的な電子掲示板のフォーマット

256.　569：(response)　　ゴロー　(08/01/02 11:34:11)
あけましておめでとうございます。

こちらではかなりお久しぶりですよね。
こちらこそ今年も宜しくお願い致します。

私もFF4やってましたが今はカードヒーローばっかやってますね。

257.　deleted (#013)

258.　569：謹賀　　リチャード　(08/01/01 20:52:32)
明けましておめでとうございます。

こちらへは長らくご無沙汰しておりまして申し訳ありません。
本年も宜しくお願い致します。

只今FF4、デカントアビリティ集めに結構苦労してます。

収集した。RSSについては、item要素内のdescriptionを本文、pubDateを時間として収集した。ATOMについては、entry要素内のsummary（存在しなければcontentを使用）を本文、issued（存在しなければ、modified、created、updatedを順に使用）を時間として収集した。該当する要素が無い場合は、そのメタデータは解析には用いない。

なお、はてなダイアリーについては、個別記事のURLから時間を、<!-- google_ad_section_start -->および<!-- google_ad_section_end -->に挟まれた部分を本文として抽出した。HTMLからのテキスト抽出については、2-3節「テキスト抽出」を参照のこと。コーパスには、抽出された本文の先頭5行のみを用いている。また、重複文（直前の文と全く同一の文）および2-4節「文フィルタリング」の条件に当てはまる文は除いた。

- 掲示板：日本における典型的な電子掲示板のフォーマットを図2に示す。ここでは、'YYYY/MM/DD（DoW）HH:mm:SS' 等の形式で書き込まれた日付（タイムスタンプ）が、書き込みの内容や、書き込み者の名前とともに併記されているのが一般的である。よって、このようなタイムスタンプを正規表現によって検出し、その直後にある書き込みを、それに紐づくものとして抽出した。

YYYY（西暦）の部分は92（1992）から10（2010）までとした。DoWは曜日（月〜日）である。

日付表現の後続3行を、その投稿の本文として抽出した。また、重複文（直前の文と全く同一の文）および2-4節「文フィルタリング」の条件に当てはまる文は除いた。

なお、URLに ‘blog’ ‘article’ ‘diary’ ‘auction’ の含まれるページは除外した。また、偏りを避けるために、単一のページから抽出する投稿の数は最大100に制限した。

2-3　テキスト抽出

テキスト抽出には、プログラミング言語Python用のHTML解析ライブラリであるBeautiful Soup 3.0.8[▶8]を利用した。具体的には、以下のコード（Python）:

```
soup = BeautifulSoup(html)
```

によってhtmlをパース（構文解析）した後、

```
def strip_tags(soup):
  return ''.join(s.string if s.string else strip_tags(s)
  for s in soup)
```

によってHTMLタグを取り除いた結果を使用している。また、HTML中のJavaScriptやコメントは削除した。ここでパースに失敗したmal-formed（HTMLの文法に沿っていない）なHTMLはページごと対象から除外した。

なお、テキスト抽出後、文字コードは全てUTF-8に変換し、英数字・記号は半角に正規化した。具体的には、日本語code point（UCS-2）のU+FF00～U+FF5FをU+0020～U+007Fにシフトしている。また、カタカナは全角に正規化した。その他の文字については、正規化は行っていない。

2-4　文フィルタリング

以下の条件に１つでも該当する文は抽出対象から除外している。なお、この文フィルタリングの手法は、Google ウェブ日本語 N グラムで用いられているフィルタリング手法と同じである。これによって、1-2 節で述べた「漢字を隙間なく並べ、その濃淡で絵を表現するある種のアスキーアート」はほとんど排除される。

- 5 文字以下もしくは 1,024 文字以上（Byte 数ではなく、Unicode 文字数）
- ひらがなが全体の 5% 未満
- 日本語の code point（U+3040 ～ U+30FF、U+31F0 ～ U+31FF、U+3400 ～ U+34BF、U+4E00 ～ U+9FFF、U+F900 ～ U+FAFF）の割合が 70% 未満

2-5　規模

図３に、本コーパスの規模（行数および文字数）を、横軸に時間軸を取ってプロットした図を示す。また、時間軸にはウェブ上において言語現象に影響をもたらす可能性のある比較的大きな出来事を併記してある。例えば、大規模電子掲示板『2 ちゃんねる』が開設された 1999 年末ごろから、掲示板データは徐々に増加していることがわかる。一方、ブログデータは日本でブログの普及する 2003 年頃になってやっと出現するが、データ量はその後順調に増加している。掲示板データも、2009 年に入って爆発的に増大しているが、これ

は特に『2ちゃんねる』型の掲示板のデータの存在期間が比較的短く、ある時間を過ぎたデータは自動的に閲覧不能になる[▶9]ため、比較的新しい掲示板データの割合が大きいことが原因として挙げられる。

なお、本コーパスの統計データ（形態素解析器 MeCab[▶10]で解析した形態素 n グラム）は、『Baidu コーパスダウンロード広場[▶11]』にて公開しているので、自由にダウンロードして

図3◉ブログ・掲示板時間軸コーパスの規模

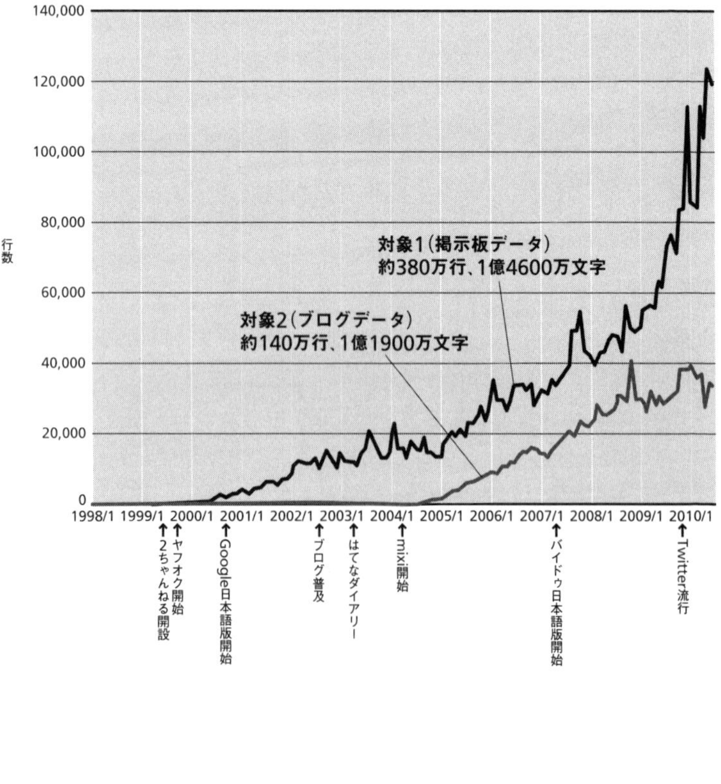

利用することができる。

3. ウェブにおける漢字使用実態

3-1 文字の時間軸変動

まず、本コーパスを用いて、ウェブ上における文字の使用状況の経年変化を調べた（図4）。掲示板とブログの各データについて、ひらがな・漢字・カタカナ・英数字の出現相対頻度（%）を求めた。両結果ともに、ひらがなの割合が減少し、漢字・カタカナの割合が増加している。カタカナの増加は、外来語の増加が原因の一つであると考えられる。漢字の増加について正確な原因は不明であるが、仮名漢字変換プログラム（IME）の質の向上により、漢字がより正確に、容易に入力できるようになったことが原因として考えられ、今後さらに詳細な調査が必要である。

3-2 ウェブで使われやすい漢字・使われにくい漢字

ここでは、単に「ウェブによく出現する漢字」を調べるのではなく、「書籍等と比べてウェブに特に出現しやすい漢字」を調べる。このように相対的な出現頻度を見ることにより、「ウェブ特有の漢字」をさらに明確に調べ上げることができる。

「書籍等と比べてウェブに特に出現しやすい漢字」を調べるには、書籍における出現頻度（割合）と、ウェブにおける出現頻度（割合）の比を求めればよい。出現確率の比を取ったこの指標は、尤度比《ゆうどひ》（likelihood ratio）として知られているものである。手に入る資料からは、書籍等における出現頻

図 4 ◉文字種の時間軸変動

●対象 1：掲示板データ

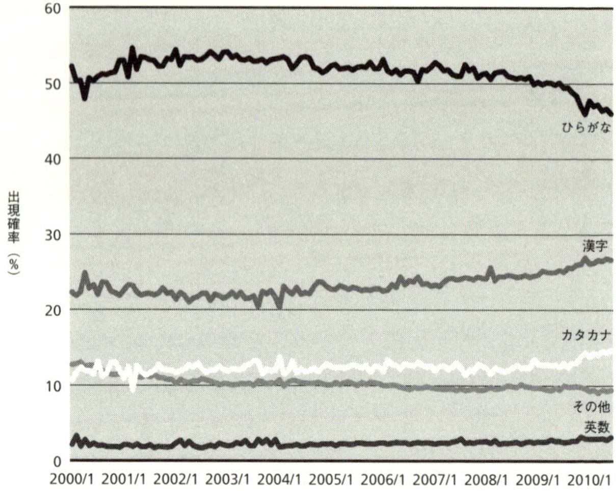

●対象 2：ブログデータ

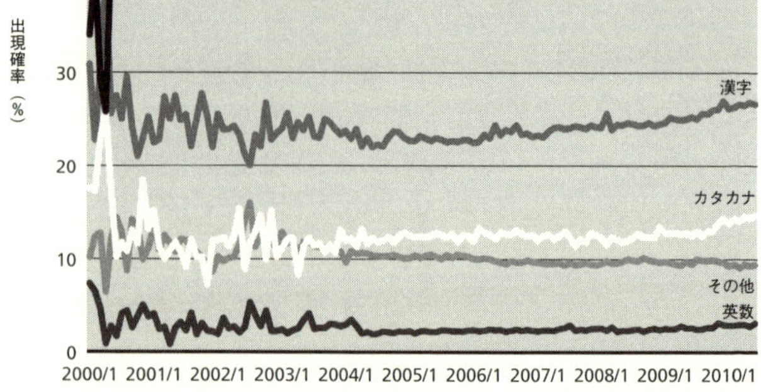

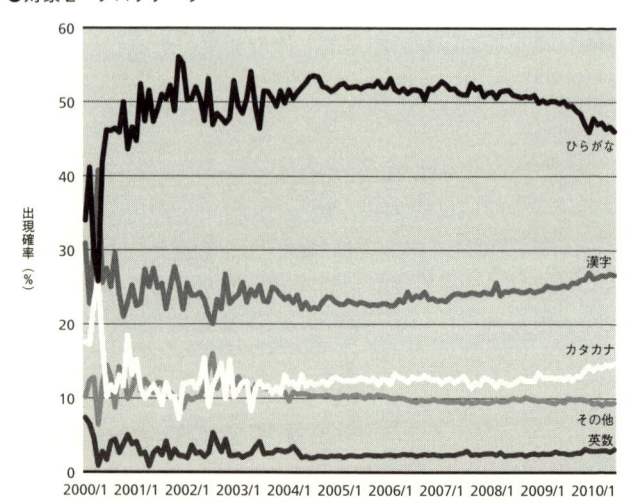

度（確率）を直接知ることができない。しかし、ジップの法則に基づくと、ある漢字の出現頻度による順位と出現頻度そのものは反比例する関係にあるため、順位の比を用いて頻度の比を求めることができる。具体的には、尤度比《ゆうどひ》 r は、以下のようにして『漢字出現頻度調査 (3)』における出現順位 ri、ウェブにおける出現順位 ri から、以下のように計算できる。

$$r = \frac{\bar{p}_i}{p_i} = \frac{\bar{c}}{c} \cdot \frac{\bar{r}_i}{r_i}$$

図 5 ◉ウェブで使われやすい漢字（上位 100 個）

今	昨	良	更	無	回	韓	皆	週	買	俺	休
頑	楽	曜	最	好	除	願	板	購	試	日	画
奴	掲	疲	使	予	思	笑	終	頂	麺	気	削
詳	撮	暑	普	付	募	毎	萌	遅	了	寝	雨
初	糞	勉	達	寒	久	鯖	諦	感	索	全	様
録	曲	嬉	参	訳	携	店	番	紹	覧	噛	稿
凄	変	近	完	読	写	欲	雰	売	茨	某	昼
友	綺	忙	早	駅	販	食	痩	厨	習	醤	夏
新	嫌	貼	登								

下線なし……常用漢字表にある漢字
一本下線……改定常用漢字表で追加された漢字
二本下線……上記以外の漢字

漢字の順位を比較する際には、係数 c/c は無視できる。この r の値の大きい順（すなわちウェブで使われやすい順）に、3,500 字を並べた上位 100 個を図 5 に示す。

この中で、一本下線のものが、今回の改定常用漢字表で追加される予定の漢字、二本下線のものが依然として常用漢字外の漢字である。個別の漢字に対しては 4 節にて検討する。

一方、上式 r の値の小さい順に並べた上位 50 個を図 6 に示す。ここでは「痩」「嘘」「頬」など、印刷標準字体ではあるが、現行の情報機器（特に Vista 以前のバージョンの Windows を搭載した PC）では異なる字体（「痩」「嘘」「頬」）が標準的に入力されるものが上位に見受けられる。また、「藩」「助」「郎」など、比較的古い概念や固有名詞に用いられる漢字が多い。さらに、漢数字が特に顕著に見られ、これはコンピューター上では漢数字を入力するためにわざわざ仮名漢字変換を経なければならないのが一般的であることと、電子機

図 6 ◉ウェブで使われにくい漢字（上位 50 個）

世	争	訊	蔵	藩	声	摑	平	者	痩	子	立
門	父	民	倶	権	家	助	吉	小	官	江	代
皇	年	呑	百	嚙	一	掻	之	国	嘘	政	頬
彼	八	衛	軍	兵	七	六	郎	四	九	三	二
五	十										

下線なし……常用漢字表にある漢字
一本下線……改定常用漢字表で追加された漢字
二本下線……上記以外の漢字

器上では一般的に文章が横書きで表示されることが原因として挙げられる。

4.　ウェブ漢字の時間推移

本節では、本コーパスを用いて、各漢字に注目してその出現確率の時間変化を調べることにより、「ウェブ漢字」使用の時間推移を明らかにする。

4-1　調査方法

まず、本節で用いる、漢字の出現確率の変化傾向の計算法を述べる（図7）。この図は、漢字「新」の出現確率（%）の時間変化を、本コーパスを１ヵ月ごとにスライスして調べた結果である。細い線は実際の値であるが、ノイズの影響を受けやすいため、大まかの傾向をより分かりやすくするために、５区間の移動平均を太い線で示した。

図7◉漢字「新」の出現確率の変化と、変化傾向の計算法

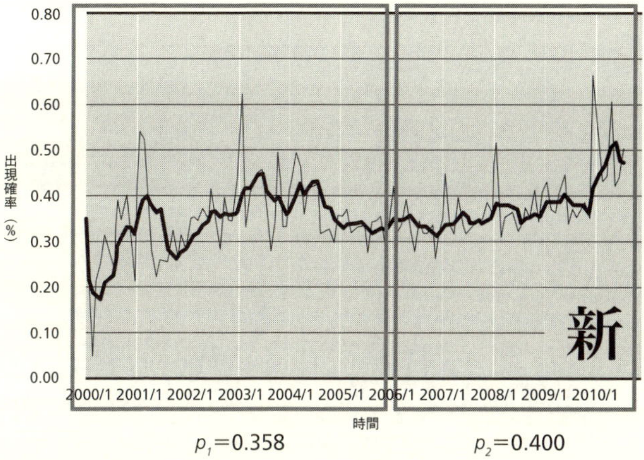

漢字の使用が増加傾向にあるか減少傾向にあるかを、以下の手法を用いて簡単に判断することが出来る。まず、2006年を境に2区間に分け、その2区間の尤度比《ゆうどひ》を求める。尤度比《ゆうどひ》が1より大きければ、その漢字の使用は増加傾向、そうでなければ減少傾向にあると判断できる。

図8◉漢字「藁」（上図）と「暑」「寒」（下図）の出現確率の変化

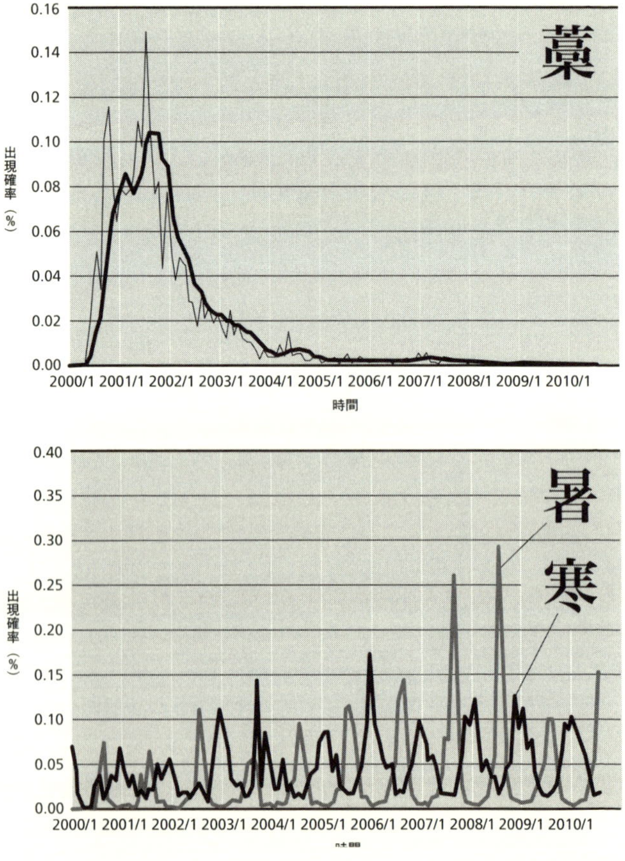

4-2　特徴のある文字群
（ネットスラング型、季節・密着型、電子商取引型）

以下に、上で述べた手法により見つかった、出現確率の変化傾向の特徴的な漢字をいくつか挙げた。

図８（上図）は「藁」という漢字の出現確率の変化をグラフにしたものである。2001年頃にピークに達した後に徐々に低下し、近年では全体に対する出現確率は0.01%に満たないという、特徴的なカーブを描いている。実は、ネット上での「笑い方」が時期によって変化していることがこの原因である。例えば、「2ちゃんねる」に代表される大規模掲示板の勃興した2001年前後においては、〈このスレにどっぷりはまってたことを再確認（藁〉[▶12]など、最後に「藁」という漢字を付加することにより、「笑う」という意味を表す隠語として用いられていたことから、「藁」という漢字の出現頻度が非常に高くなっていた。一方、2003年ごろになると、〈鶴女ってうちの駅やん（w〉[▶13]などのように「w」という文字を「笑う」の隠語として用いる用法に徐々に取って代わられているため、相対的な出現頻度は徐々に低下している。近年

図９◉「ネットスラング系」漢字の出現確率の変化

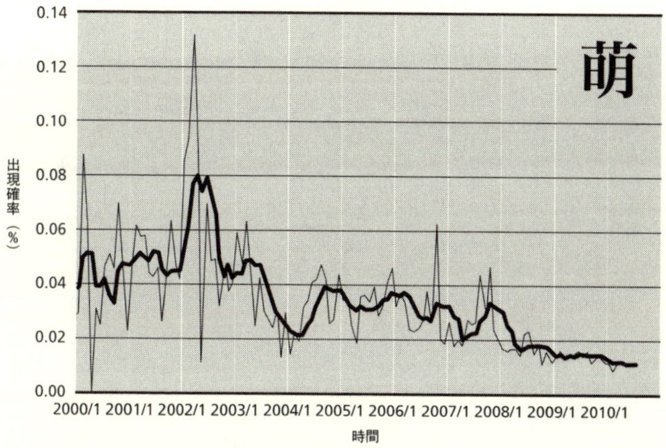

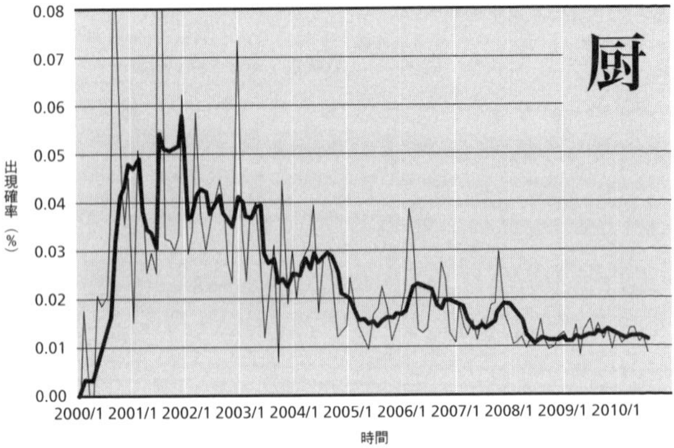
厨
0.08
0.07
0.06
0.05
0.04
0.03
0.02
0.01
0.00
出現確率（%）
2000/1 2001/1 2002/1 2003/1 2004/1 2005/1 2006/1 2007/1 2008/1 2009/1 2010/1
時間

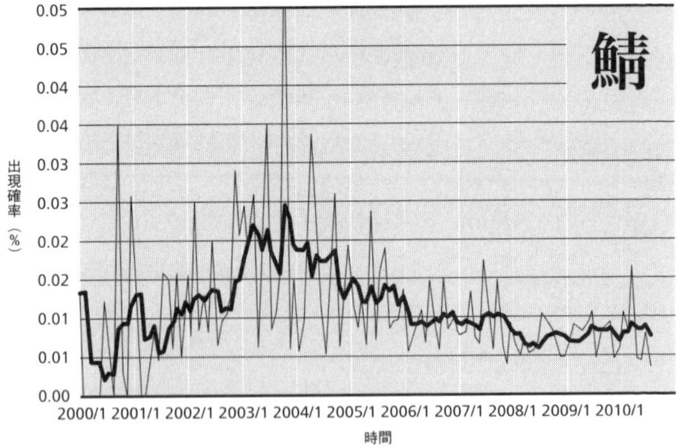
鯖
0.05
0.05
0.04
0.04
0.03
0.03
0.02
0.02
0.01
0.01
0.00
出現確率（%）
2000/1 2001/1 2002/1 2003/1 2004/1 2005/1 2006/1 2007/1 2008/1 2009/1 2010/1
時間

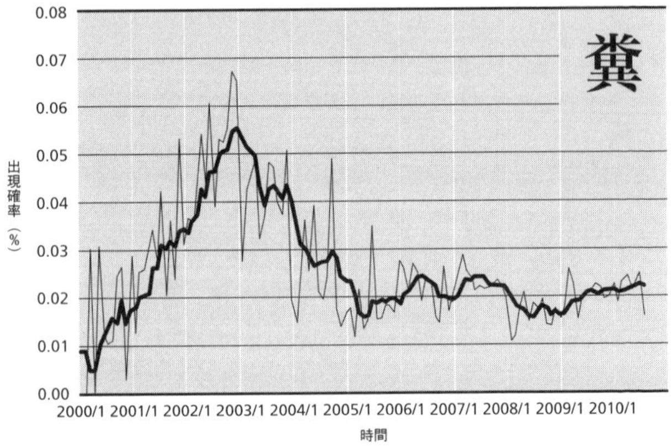
糞
0.08
0.07
0.06
0.05
0.04
0.03
0.02
0.01
0.00
出現確率（%）
2000/1 2001/1 2002/1 2003/1 2004/1 2005/1 2006/1 2007/1 2008/1 2009/1 2010/1
時間

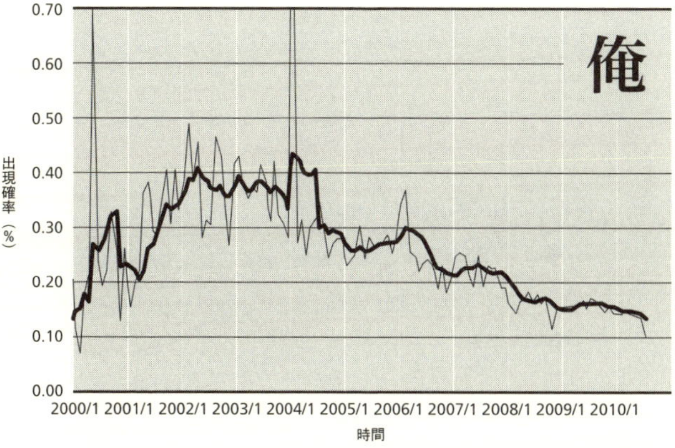
俺
出現確率（%）
0.70
0.60
0.50
0.40
0.30
0.20
0.10
0.00
2000/1 2001/1 2002/1 2003/1 2004/1 2005/1 2006/1 2007/1 2008/1 2009/1 2010/1
時間

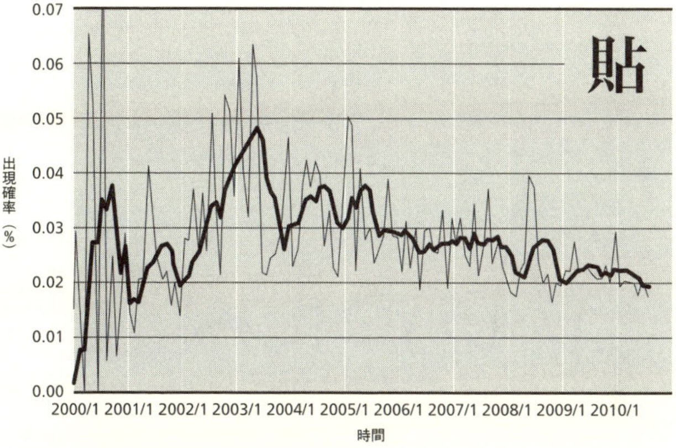
貼
出現確率（%）
0.07
0.06
0.05
0.04
0.03
0.02
0.01
0.00
2000/1 2001/1 2002/1 2003/1 2004/1 2005/1 2006/1 2007/1 2008/1 2009/1 2010/1
時間

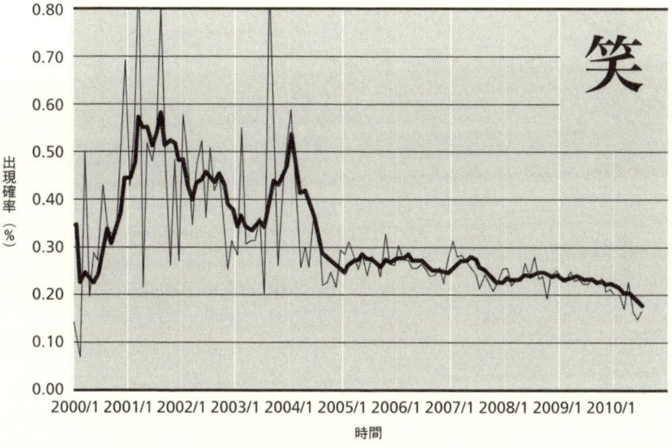
笑
出現確率（%）
0.80
0.70
0.60
0.50
0.40
0.30
0.20
0.10
0.00
2000/1 2001/1 2002/1 2003/1 2004/1 2005/1 2006/1 2007/1 2008/1 2009/1 2010/1
時間

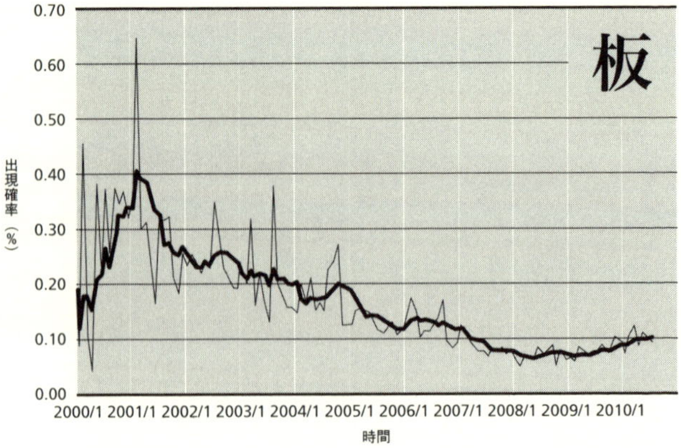

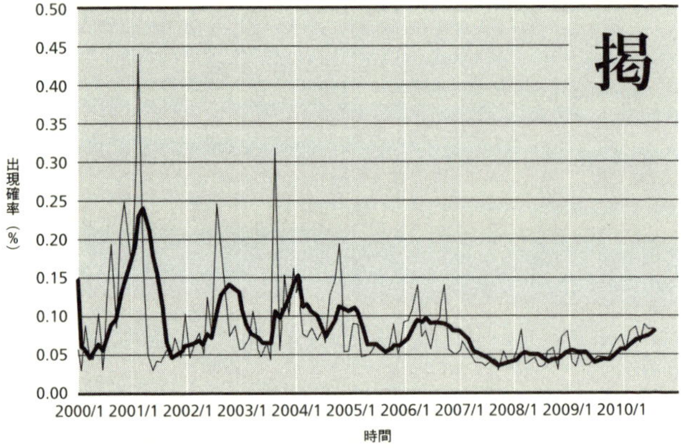

(2008年〜）では、〈何とww観にいかねばwwいつからいつから？〉[▶14]などのように「w」という文字を連続させることによって、「笑い」の度合いをさらに高めるという用法も一般的になりつつある。

図9に、ネットスラング系漢字9種類（萌、厨、鯖、糞、俺、貼、笑、板、掲）の出現確率の変化を示した。ちなみに、「厨」は「中坊→厨房」と転じてできたウェブ上での蔑称であり、「2ch厨」（＝2ちゃんねるのヘビーユーザーの蔑称）のように用いられる。「鯖」は「サーバー」の隠語である。

同図のグラフから、これらの漢字に対しては、掲示板などにおいて用いられる特定のスラングに依存したものが多いため、流行り廃りが大きく、掲示板等の地位の相対的な低下に応じて今後も使用頻度が増加する可能性が薄いことから、常用漢字表に含めるかどうかに対しては慎重に検討する必要があると考えられる。

他には、ウェブ上でよく使われる漢字の特徴に、感情や生活、季節に密着した漢字が多いという点が挙げられる。図8（下図）の「暑」「寒」のように、ウェブ上、特に掲示板、ブログ、SNSなどには、ユーザーの生活や感情に密着した一次表現が多く、図10に示したような漢字（嬉、綺、噛、醤、諦、痩、麺）が比較的出現しやすい。

この中でも特徴的なのは漢字「綺」であり、固有名詞（人

図10◉「季節型・密着型」漢字の出現確率の変化

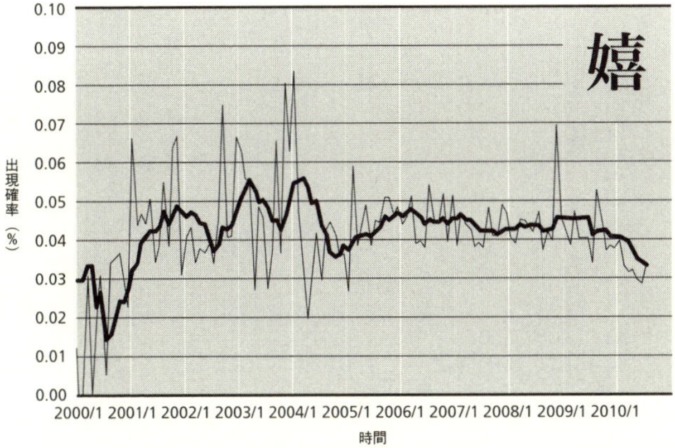

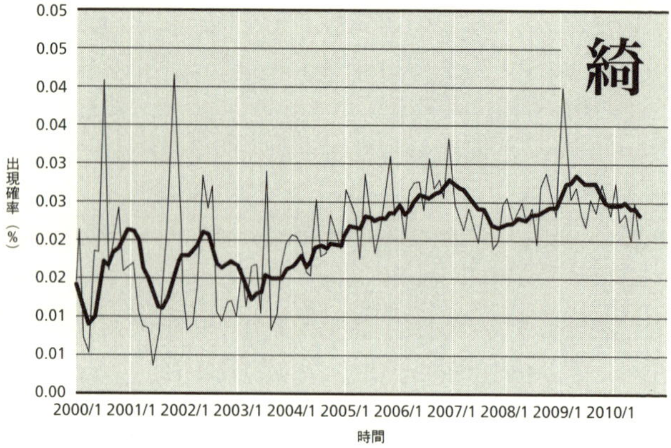
綺
0.05
0.05
0.04
0.04
0.03
0.03
0.02
0.02
0.01
0.01
0.00
出現確率（%）
2000/1 2001/1 2002/1 2003/1 2004/1 2005/1 2006/1 2007/1 2008/1 2009/1 2010/1
時間

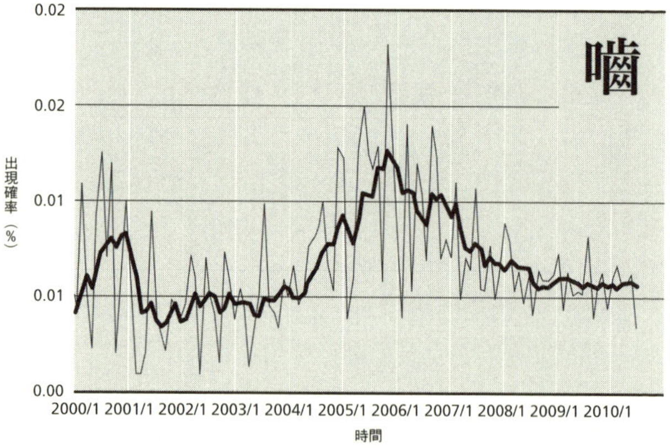
嚙
0.02
0.02
0.01
0.01
0.00
出現確率（%）
2000/1 2001/1 2002/1 2003/1 2004/1 2005/1 2006/1 2007/1 2008/1 2009/1 2010/1
時間

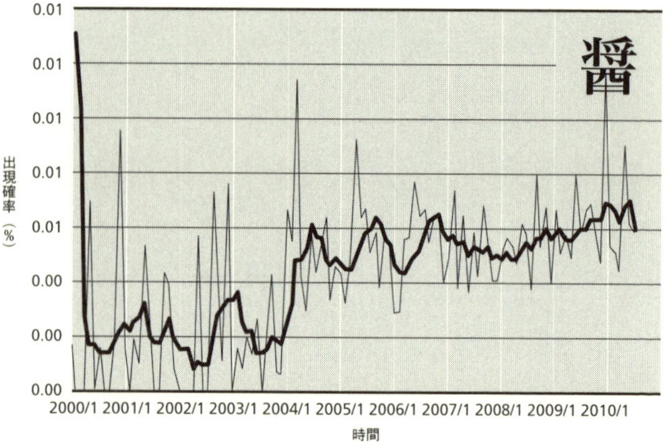
醤
0.01
0.01
0.01
0.01
0.01
0.00
0.00
0.00
出現確率（%）
2000/1 2001/1 2002/1 2003/1 2004/1 2005/1 2006/1 2007/1 2008/1 2009/1 2010/1
時間

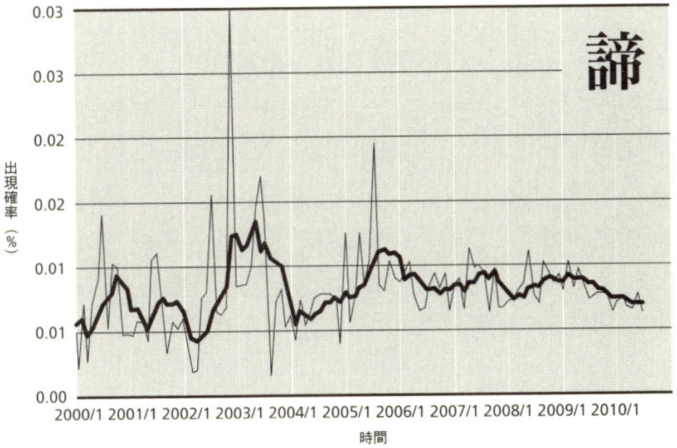
諦
0.03
0.03
0.02
0.02
0.01
0.01
0.00
出現確率（%）
2000/1 2001/1 2002/1 2003/1 2004/1 2005/1 2006/1 2007/1 2008/1 2009/1 2010/1
時間

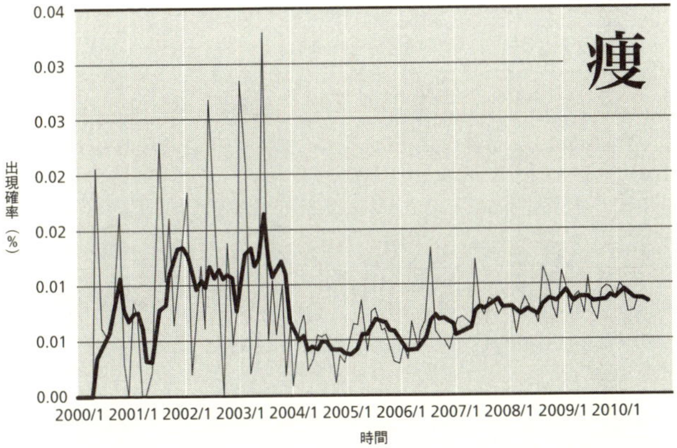
痩
0.04
0.03
0.03
0.02
0.02
0.01
0.01
0.00
出現確率（%）
2000/1 2001/1 2002/1 2003/1 2004/1 2005/1 2006/1 2007/1 2008/1 2009/1 2010/1
時間

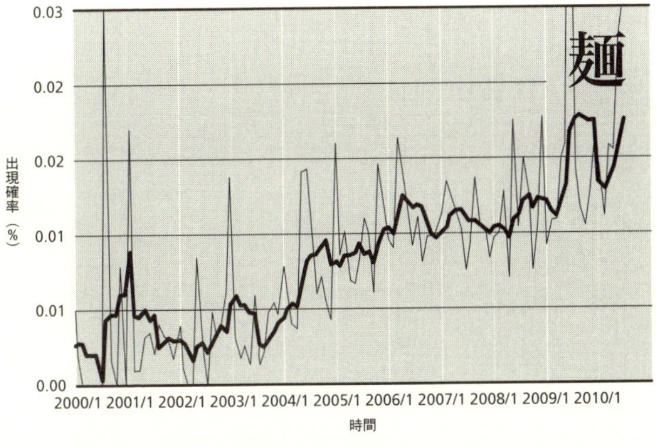
麺
0.03
0.02
0.02
0.01
0.01
0.00
出現確率（%）
2000/1 2001/1 2002/1 2003/1 2004/1 2005/1 2006/1 2007/1 2008/1 2009/1 2010/1
時間

名）もしくは「綺麗」という単語にしかほとんど出現しないにもかかわらず、近年使用頻度が増加していることが読み取れる。これは、以前、特に情報機器が現代ほど普及しておらず手書きが主流だった時期には「きれい」「奇麗」と書くことが多かったが、近年、手書きするのが難しい「綺麗」の出現頻度が増えているという調査結果がある[▶15]。これらの字は、ウェブ上の一次情報の増加とともに今後もさらに重要になっていくと考えられる。改定常用漢字においても、〈漢

図 11 ◉「電子商取引（EC）系」漢字の出現確率の変化

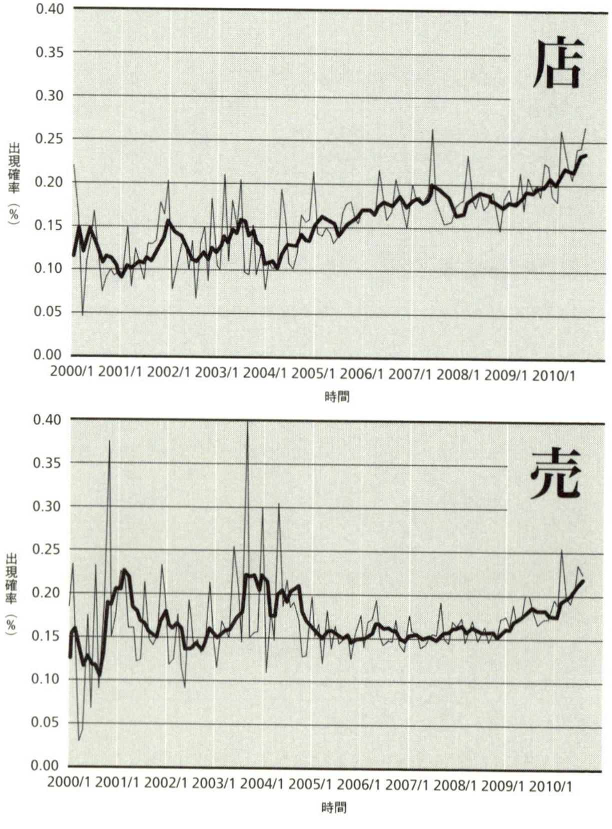

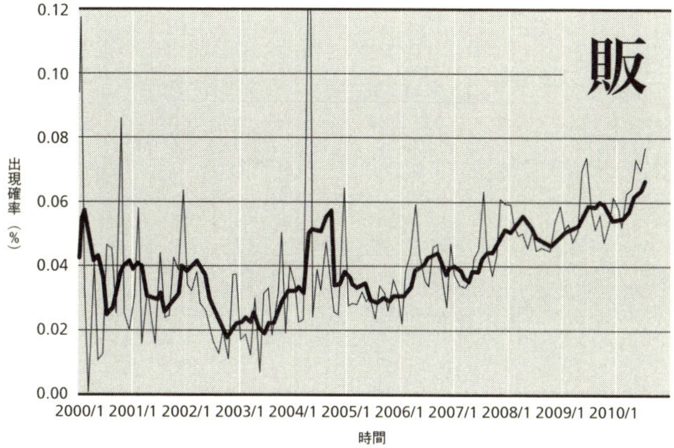
販
出現確率（%）
0.12
0.10
0.08
0.06
0.04
0.02
0.00
2000/1 2001/1 2002/1 2003/1 2004/1 2005/1 2006/1 2007/1 2008/1 2009/1 2010/1
時間

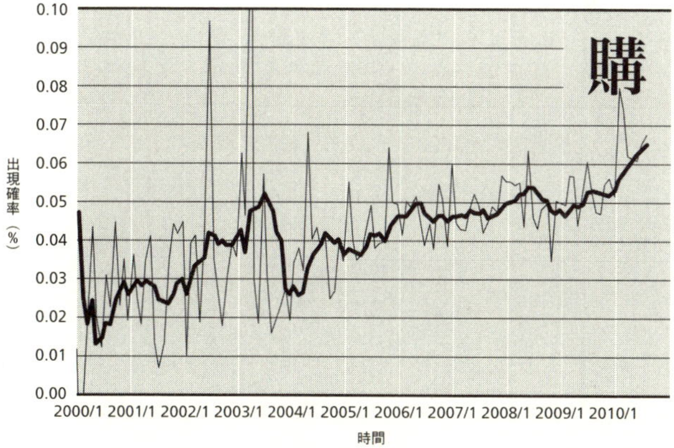
購
出現確率（%）
0.10
0.09
0.08
0.07
0.06
0.05
0.04
0.03
0.02
0.01
0.00
2000/1 2001/1 2002/1 2003/1 2004/1 2005/1 2006/1 2007/1 2008/1 2009/1 2010/1
時間

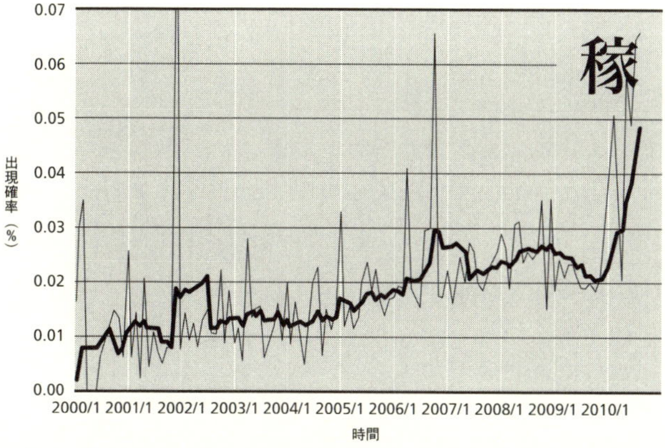
稼
出現確率（%）
0.07
0.06
0.05
0.04
0.03
0.02
0.01
0.00
2000/1 2001/1 2002/1 2003/1 2004/1 2005/1 2006/1 2007/1 2008/1 2009/1 2010/1
時間

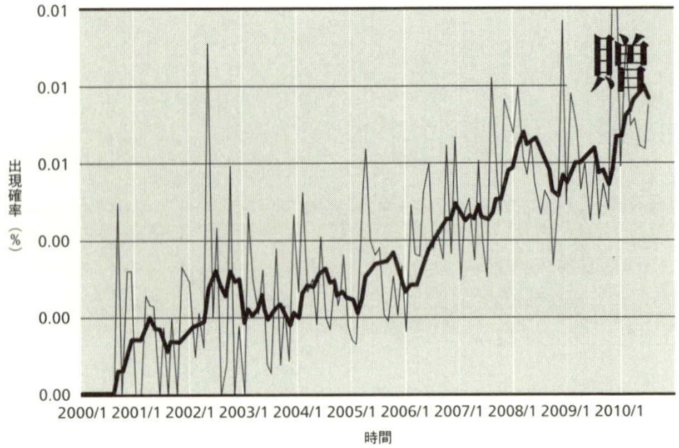
贈
出現確率（%）
0.01
0.01
0.01
0.00
0.00
0.00
2000/1 2001/1 2002/1 2003/1 2004/1 2005/1 2006/1 2007/1 2008/1 2009/1 2010/1
時間

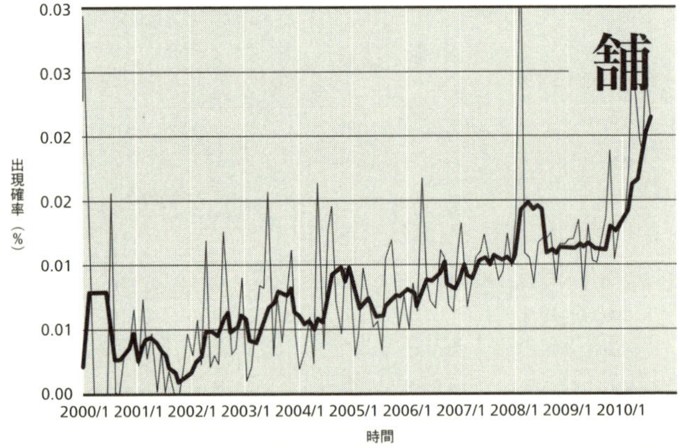
舗
出現確率（%）
0.03
0.03
0.02
0.02
0.01
0.01
0.00
2000/1 2001/1 2002/1 2003/1 2004/1 2005/1 2006/1 2007/1 2008/1 2009/1 2010/1
時間

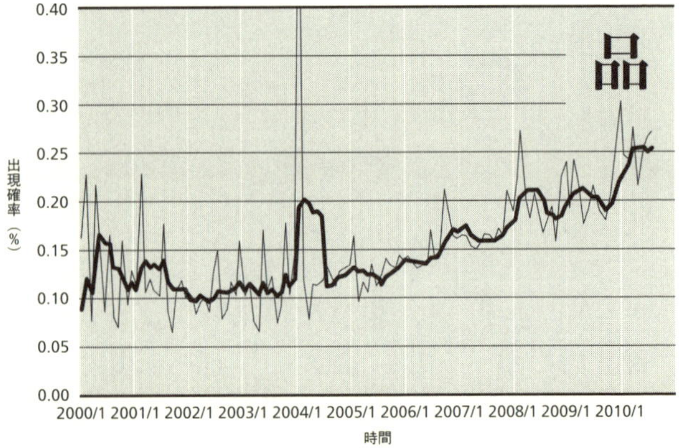
品
出現確率（%）
0.40
0.35
0.30
0.25
0.20
0.15
0.10
0.05
0.00
2000/1 2001/1 2002/1 2003/1 2004/1 2005/1 2006/1 2007/1 2008/1 2009/1 2010/1
時間

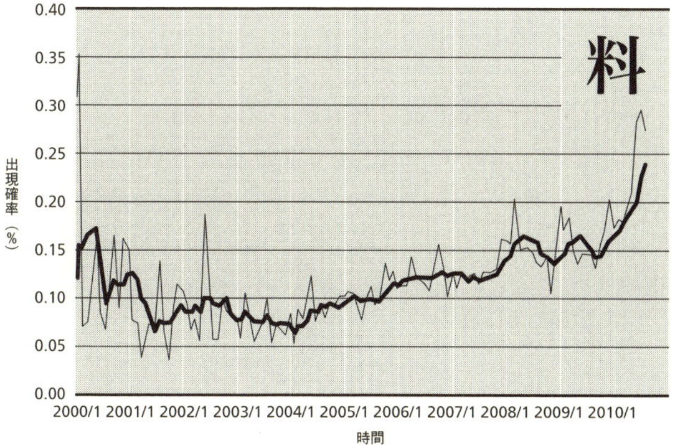

字表に掲げるすべての漢字を手書きできる必要はない〉〔▶16〕との方針を明確に打ち出しており、今後も電子機器の発展・普及によりこの傾向は強まるものと予想される。

最後に、近年使用頻度が目立って増加している一連の漢字群を挙げておく。図11に挙げた漢字（店、売、販、購、稼、贈、舗、品、料）がそうであり、これらをここでは「電子商取引（EC）系」と呼んでいる。これらの漢字の増加背景には、ウェブ通販、オークション、アフィリエイトなどの電子商取引の増加がある。特に、アフィリエイトと呼ばれる、主に広告を掲載して閲覧者の商品・商材への流入を促す仕組みがブログ上では多く見られるが、これらの内容の影響を多く受けていると思われる。

5. おわりに

本稿では、『Baiduブログ・掲示板時間軸コーパス』の構築を通じて、「新しいウェブ」における漢字使用実態を明らかにした。本コーパスでは、ブログと掲示板の投稿内容を、投稿日時と紐付けて長期間にわたり収録している。さらに、高精度な文フィルタリングによって、アスキーアートなどノイズの影響を受けにくいのが特徴である。調査の結果、文字種に注目した場合、外来語などの影響によって、ひらがなの割合が減少する一方、漢字・カタカナの割合が増加していることが分かった。また、個々の漢字に注目した場合、「ネットスラング系」漢字は、掲示板の流行と共に一時的に頻繁に用いられたものの、今後出現頻度が伸びる可能性は低い。一方、「季節型・密着型」漢字については、出現確率が増加しており、今後のネット上の一次情報の増加とともにさらに重要になる可能性があることを示した。

注

〔1〕 本稿の元となった発表当時。現楽天技術研究所所属。

〔2〕 文化審議会『改定常用漢字表』(2010年、p. 3)(http://www.bunka.go.jp/bunkashingikai/soukai/pdf/kaitei_kanji_toushin.pdf)

〔3〕 同上

〔4〕 前出『改定常用漢字表』p. (9) から抜粋

〔5〕 電子掲示板などにおいてよく見られる文字のみを用いて描いた絵。具体例は、http://dokoaa.com/kanji.html において見ることができる。

〔6〕 小形克宏「"情報化時代"に追いつけるか? 審議が進む「新常用漢字表(仮)」」(INTERNET Watch、2008年)(http://internet.watch.impress.co.jp/cda/jouyou/2008/06/20/20005.html)

〔7〕 鍜治伸裕、宇野良子、喜連川優「言語学研究の支援を目的とした大規模時系列ウェブアーカイブからの新造語のマイニング」(データ工学と知識マネジメントに関するフォーラム、C6-2、2009年)

〔8〕 http://www.crummy.com/software/BeautifulSoup/

〔9〕 より正確に言うと、掲示板データが自動的に変換され、サーバーにアーカイブされる。これを俗に「DAT 落ち」という。

〔10〕 http://mecab.sourceforge.net/

〔11〕 http://www.baidu.jp/corpus/

〔12〕 http://mimizun.com/2chlog/erog/www.bbspink.com/erog/kako/986/986222910.html

〔13〕 http://otd2.jbbs.livedoor.jp/281220/bbs_tree?base=169（2012 年 5 月 30 日リンク切れを確認）

〔14〕 http://jbbs.m.livedoor.jp/b/i.cgi/radio/5418/1240187698/

〔15〕 八木玲子『「人知の限界」を補う 一億語の日本語データベース 前川喜久雄 国立国語研究所 言語資源研究系 系長・教授』（BPnet、2010 年）（http://pc.nikkeibp.co.jp/article/interview/20091210/1021235/）

〔16〕 前出『改定常用漢字表』p. 7

【資料紹介】
漢字出現頻度数調査

師　茂樹◉花園大学

1.　はじめに

2010年11月24日、改定常用漢字表の内閣告示が閣議決定され、同30日に告示された。1981年以来となる大幅改定により、今後、法務省による人名用漢字の改定、文部科学省による学習指導要領の改定など、関連する政令などの変更が続くことになる、というのは、新聞報道などで知られているとおりである。

これに先立つ6月7日、文化審議会が5年という時間（長いか短いかはさておき）をかけて調査、審議をした答申『改定常用漢字表』が、文部科学大臣に提出された。法的拘束力という意味では、内閣告示のほうが重要であるが、新しい常用漢字表がどのような根拠で、どのような経緯で審議されたのかについては、答申『改定常用漢字表』を参照することが不可欠である。内閣告示後、常用漢字がリストアップされている「漢字表」の部分だけが独り歩きすることが予想されるなか、特にこの答申中の「I　基本的な考え方」は、改定常用漢字表について考える際、最初に読まれるべき基本文献であると言えるだろう。

さて、この「I　基本的な考え方」には、「3 字種同音訓の選定について」と題して、漢字の選定方法についての具体的な説明が見られるが、その中で注目されるのが「漢字出現頻度数調査」である。この調査資料は、全５冊・各冊数百ページにもおよぶ膨大な冊子群であり、常用漢字として追加・削除等の判断をするための選定基準の根拠となる「基本的な性格」とともに、改定常用漢字表の制定のための大きな根拠のひとつとして用いられたものである。

文字研究会では、文化庁および国語分科会と交渉の末、幸いにもこの「漢字出現頻度数調査」資料の冊子を入手することができた。本来であれば、この資料全体が（できれば機械可読な形で）公開され、広く共有されることが望ましいのであろうが、現時点でそれはかなわないため、本稿でその一端を紹介するとともに、簡単な評価・分析を行いたいと思う。

本稿の執筆にあたって、文化庁および国語分科会との交渉に尽力された小形克宏氏、資料の入手にご理解をいただいた林史典・国語分科会長及び氏原基余司・主任国語調査官をはじめとする関係者の皆様に感謝申し上げたい。また、資料の電子化等の作業については、花園大学・情報歴史学研究室の学生の協力による。

2.　資料の概要

今回、文字研究会で入手した「漢字出現頻度数調査」資料の冊子は以下のとおりである（ページ数は、空白ページや中表紙、奥付なども含む概数。以下、書名を掲げる場合には先頭の“漢字字体関係参考資料集”“漢字関係参考資料集”を除く）。

1. 文化庁文化部国語課編『漢字字体関係参考資料集　漢字出現頻度数調査（3）』（2007年3月31日、503ページ）
2. 文化庁文化部国語課編『漢字字体関係参考資料集　漢字出現頻度数調査（新聞）』（2007年3月31日、205ページ）
3. 文化庁文化部国語課編『漢字関係参考資料集　漢字出現頻度数調査（ウェブサイト）』（2007年12月10日、510ページ）
4. 文化庁文化部国語課編『漢字関係参考資料集　出現文字列頻度数調査（上）』（2008年3月31日、769ページ）
5. 文化庁文化部国語課編『漢・字関係参考資料集　出現文字列頻度数調査（下）』（2008年3月31日、761ページ）

1の末尾に「(3)」とあることからもわかるように、今回より以前にも同様の調査が行われている。

- 『漢字出現頻度数調査』（文化庁文化部国語課、1997年11月）
- 『漢字出現頻度数調査（2）』（文化庁文化部国語課、2000年3月）

この二つの先行調査では、書籍と新聞の調査がまとめてひとつの報告書となっていたが、今回は調査対象が増加したため、書籍・雑誌等を独立させて『漢字出現頻度数調査（3）』

としている。また、従来合冊されていた新聞は『漢字出現頻度数調査（新聞）』として独立した冊子になり、今回追加されたウェブサイトも独立した一冊として編集されている。

全体を大きく二分するとすれば、1～3は単漢字の調査、4～5は文字列の調査である。各調査についての詳細は本書収録の『改定常用漢字表』を参照していただきたいが、ここでも簡単に概要を見ておきたい。

2-1　単漢字調査

まず単漢字の調査（1～3）について見てみよう。1は凸版印刷が2004～2006年に作成した書籍860冊分の組版データに基づくものである。その調査対象の内訳は以下表1のとおり（『漢字出現頻度数調査（3）』、(3)ページ）。

このうち、週刊誌と教科書のデータは、今回新たに調査対象として追加されたものである。調査対象となった書籍、雑誌等の一覧は後に「【付録】調査対象書籍名称（出版社名・五十音順、書籍名・五十音順）」として掲載したのでそちらを参照されたい。

この中の漢字数の割合については、『漢字出現頻度数調査(3)』(2)～(3)ページに、

> 今回の調査においても、『凸版（2）調査』同様、一

表1◉凸版印刷が行った書籍調査対象の内訳

分野	書籍冊数	総文字数	総漢字数
辞典・古典類	16	22,102,710	6,798,780
単行本	540	88,189,211	24,858,027
週刊誌	150	23,477,267	7,688,151
月刊誌	120	32,971,129	9,560,173
教科書	38	3,290,795	1,147,593
合計	864	170,031,112	50,052,724

> 般の文字生活の実態を踏まえ、分野ごとのデータ量が大きくバランスを失することのないよう、「教科書」以外の分野の調査対象漢字数の比がおおよそ、「辞典・辞典類」「単行本」「週刊誌」「月刊誌」の順に、「1：3：1：1」の程度になるように配慮した。

と述べられているような方針で調整されており、単行本などの数もそれにともなって調整されていると思われる。

漢字の種類ごとの出現字種について見てみると、以下の表2のようになる（『漢字出現頻度数調査（3）』、(4)ページより抜粋)。

次に2であるが、先にあげた『漢字出現頻度数調査』『漢字出現頻度数調査（2）』における読売新聞を対象とした調査を補完するものとして、それまでの読売新聞に加え、朝日新聞を新たに調査対象としたものである。データとしては両新聞2ヵ月分の紙面データ（2006年10月1日～11月30日東京本社発行の最終版朝夕刊、広告、番組表、株価の表などは除く）がもとになっている。

3のウェブサイトもまた、今回新たに追加された調査対象である。現在書記活動の多くがインターネット上で行われて

表2◉漢字の種類ごとの出現字種

漢字の種類	出現字種	割合
常用漢字	1,945	96.39%
人名用漢字（A）[1]	285	1.13%
人名用漢字（B）[2]	489	1.29%
人名用漢字（C）[3]	209	0.06%
JIS 第1水準漢字	402	0.58%
JIS 第2水準漢字	2,972	0.49%
上記以外の漢字	2,274	0.06%
合計	8,576	100.00%

図 1 ●常用漢字以外の上位 1000 文字

表外順位	頻度表順位	出現回数	漢字	種類
	264	46004	藤	人 A
	375	33285	之	人 A
	414	30277	誰	人 B
	420	29832	伊	人 A
	474	26738	俺	人 B
	532	23571	岡	人 B
	561	22289	頃	人 B
	786	14623	奈	人 A
	855	12612	阿	人 A
	860	12490	阪	人 B
	876	12276	韓	第 1
	886	12057	訊	第 1
	890	11970	彦	人 A
	909	11653	云	人 B
	985	10173	弥	人 A
	989	10110	那	人 A
	1022	9471	智	人 A
	1034	9307	鹿	人 A
	1043	9035	也	人 A
	1086	8257	吾	人 A
	1109	7979	斬	第 1
	1126	7790	虎	人 A
	1131	7719	狙	第 1
	1141	7607	脇	人 B
	1157	7362	熊	人 A
	1167	7251	尻	第 1
	1171	7223	叩	第 1
	1197	6871	旦	人 A
	1200	6843	闇	第 1
	1204	6823	龍	人 C
	1207	6747	呂	人 A
	1211	6695	亀	人 A
	1214	6685	頬	人 B
	1226	6574	膝	第 1
	1237	6358	乃	人 A
	1282	5765	鶏	人 A
	1289	5712	匂	人 B
	1295	5680	沙	人 A
	1300	5635	弘	人 A
	1306	5556	嘘	第 1
	1312	5481	須	人 A
	1326	5346	噂	第 1
	1345	5117	椅	人 B
	1363	4919	坐	人 B
	1366	4898	濁	人 B
	1367	4893	笠	人 B
	1372	4863	呑	人 B
	1383	4773	澤	第 2
	1385	4768	嬉	人 A

『漢字出現頻度数調査（3）』（23 ページ）より

いる現状に加え、そもそも今回の常用漢字表の改定が2005年3月の文部科学大臣諮問「情報化時代に対応する漢字政策の在り方について」[▶4]に対するものであることを考えると、もっとも注目される資料であると思われる。調査においては、ポータルサイト「フレッシュアイ」[▶5]を運営している株式会社ニューズウォッチが「情報フィルタリング処理」を行ったとのことである。

ウェブサイトの調査時期と文字数は表3のとおり。

調査が1ヵ月おきになっているのは〈ニュース記事の特質上大きな事件などがあると、その事件に関する漢字の出現数

表3◉ウェブサイトにおける漢字頻出度調査時期と文字数

調査時期	調査漢字数	
	データA	データB
2007年2月	285,401,994	625,954,627
2007年4月	522,649,369	640,250,587
2007年6月	582,945,739	471,186,636
合計（総漢字数）	1,390,997,102	1,737,391,850

表4◉データAでは下位だが、データBでは上位の漢字

文字	データAでの順位	データBでの順位
蠶	2,368位	31位
醴	3,402位	179位
欝	2,717位	196位

図2◉『漢字出現頻度数調査（ウェブサイト）』（(7)ページ）に掲載されたアスキーアートの例

がかなり多くなるので、そのような＜出現数のゆれ＞の影響をできるだけ抑えたいという理由から〉とのことである〔▶6〕。

また、調査データは次の二つに分類されている。

データA… ブログ・ニュース記事・企業情報など
データB… 電子掲示板サイト（アスキーアートを含む）

データAで頻度が低く下位の文字が、データBでは高い順位にランクインしている場合がある。これは表4に見られるように（『漢字出現頻度数調査（ウェブサイト）』(2)〜(7)ページ）、アスキーアートに使われる文字がデータBで数多く採取されているためである。したがってデータBは、付録扱いとなっている。

2-2　文字列調査

文字列の調査は、先にあげた『出現文字列頻度数調査』の（上）（下）にまとめられている。内容は、『漢字出現頻度数調査 (3)』（ただし教科書を除く）の漢字を2文字目とした3グラムの文字列データである。とは言え、全8,576字種すべてを調査対象とすると膨大な量になるため、実際には以下のような条件の文字に限られている。

- 出現順位1,500位以内の表外漢字（73字）
- 出現順位1,501位〜3,500位までのすべての漢字（2,000字）
- 出現順位3,501位以降の常用漢字（7字）
- 1,500位以内の常用漢字のうち、特に調査を必要と

> されたもの（29字）

要するに、常用漢字の追加・削除の議論において特に問題となる頻度が高い表外漢字（常用漢字ではない漢字）と頻度が少ない常用漢字について、文字列での調査を行ったということである。

3.　選定の実際

以上の頻度調査をもとにして、常用漢字表に追加・削除する字種の候補が選定された。その選定方法等については巻末に掲載した『改定常用漢字表』の「I　基本的な考え方」に載っているのでそちらを参照していただきたいが、実際に頻度調査の結果がどのように審議されたのかについては、概要を示しただけの「I　基本的な考え方」だけでは必ずしも明確ではない。以下、頻度が低いが結果的に削除されなかった常用漢字について、簡単にその審議をトレースしてみたい。

3-1　頻度が低いが残った常用漢字

今回の改定常用漢字表では、「勺」「錘」「銑」「脹」「匁」の5文字が削除されたが、これ以外にも頻度の低い漢字が常用漢字の中には存在する。頻度の低い常用漢字については、次のようなプロセスで検討されたことが『改定常用漢字表』(10)ページで説明されている。

> 常用漢字で、2,501位以下のものは「候補漢字A」とし、個別に検討を加える（→該当する常用漢字は60字）

候補漢字 A：基本的に残す方向で考えるが、不要なものは落とす

一例として『漢字出現頻度数調査（3）』で頻度順位 3,000 位以降（全 8,576 字種中）になった漢字を見てみると、表 5 のようになる。

表 5 ◉『漢字頻出度調査（3）』で頻度順位 3,000 位以降になった漢字

漢字	順位	出現回数	備考
衷	3,007	289	
迭	3,027	283	
嘱	3,044	276	
脹	3,048	275	改定常用漢字表で削除
墾	3,056	271	
逓	3,183	220	
劾	3,202	215	
酪	3,229	209	
匁	3,237	207	改定常用漢字表で削除
塑	3,276	196	
痘	3,277	196	
朕	3,286	194	
虞	3,315	187	
丙	3,330	184	
斤	3,357	178	
弐	3,446	158	
謄	3,500	146	
繭	3,561	134	
璽	3,729	105	
勺	3,753	101	改定常用漢字表で削除
錘	3,781	97	改定常用漢字表で削除
銑	4,004	69	改定常用漢字表で削除
頒	4,345	44	3,926 位「頒」（出現回数 78 回）と微小な字形差

『改定常用漢字表』の(9)ページには4,004位の「銑」を「最も出現順位の低かった」常用漢字としているが、『漢字出現頻度数調査(3)』の段階では最下位は「頒」となる。もっとも、備考欄に書いたように、「頒」と「頒」は所謂デザイン差と考えられるため、実質的な最下位は『改定常用漢字表』で言われているとおり「銑」ということになる。

では、すべての調査の最下位層の文字を一覧にしたものを表6に示そう。なお、表中の略号は以下のとおりである。

なお、ここでは比較のために過去のものも含めて一覧としているが、今回の『改定常用漢字表』の制定においてはあくまで凸3が「基本資料」であり、朝日・読3・ウAなどが「補助資料」とされていること(『改定常用漢字表』(9)ページ)には注意されたい。また、先にあげた「頒」のように、実際には順位や出現回数が変更となるものも存在する。

表中の色分けについて、■は削除された5文字（勺錘銑脹匁）のどれよりも頻度が低いことを意味し、■は削除された5文字のいずれかの文字よりも頻度が低いことを意味する。

凸3	『漢字出現頻度数調査（3）』における頻度順位3,000位以降に出現する常用漢字
凸2	『漢字出現頻度数調査（2）』中の凸版印刷調査における頻度順位3,000位以降に出現する常用漢字
凸1	『漢字出現頻度数調査』中の凸版印刷調査における頻度順位3,000位以降に出現する常用漢字
朝日	『漢字出現頻度数調査（新聞）』中の朝日新聞調査における頻度順位2,777位以降に出現する常用漢字、及び出現しない常用漢字
読1	『漢字出現頻度数調査（2）』中の読売新聞調査における頻度順位2,777位以降に出現する常用漢字、及び出現しない常用漢字
読2	『漢字出現頻度数調査（新聞）』中の読売新聞調査における頻度順位2,777位以降に出現する常用漢字、及び出現しない常用漢字
ウA	『漢字出現頻度数調査（ウェブサイト）』中のデータAにおける頻度順位3,000位以降に出現する常用漢字
ウB	『漢字出現頻度数調査（ウェブサイト）』中のデータBにおける頻度順位3,000位以降に出現する常用漢字
ウ全	ウAとウBをあわせたもの

グレーで色分けされた部分が多い文字は、削除された5文字よりも頻度が低いという調査結果が出ていたにもかかわらず、何らかの理由で常用漢字表に残った文字だと言える。では、これらの文字はなぜ削除されなかったのか、公開されている議事録などからその理由を簡単に探ってみたい。もっとも、すべての文字についての議論を議事録[▶7]などの中に見出すことができないものもあるため、以下にあげるのは一

表6◉各頻出度調査で最下位層になったもの

	朝日	読1	読2	ウA	ウB	ウ全	凸3	凸2	凸1
朕	0	0	0	1,021	4,222	5,243	194	144	60
虞	0	1	3	1,006	1,875	2,881	187	164	35
璽	1	2	27	1,528		7,996	105	72	23
斤	0	2	2				178		111
痘	3	2	22	1,278	1,505	2,783	196		
頒	5	4		2,076	2,700	4,776	44	34	71
逓				893	1,460	2,353	220	101	
弐	1	3	7				158		
墾	2	4	33	966		2,257	271		
謁	4	2	17	786	1,423	2,209		161	122
塑	5	3		1,760	846	2606	196		
謄	5		16	2,318	3,624	5,942	146	175	51
劾	6		12	734	2,745	3,479	215	187	84
詔				1,249	1,124	2,373			
但	2	3							
遵	5	1	20						81
丙	6	3		2,025	4,902	6,927	184		
迭				1,873	5,499	7,372	283	99	64
憾								132	73
箇	1								
嫡	2		23	1,589	3,359	4,948			
倹	3	2	22	1,611	2,545	4,156			
且	3	3	19						
濫	6	3							
繭	6			4,262			134		
畝		5		2,734	1,295	4,029			
酪				2,766	2,770	5,536	209		
懇					1,291				
款									71
栓									85

部の文字であることをあらかじめお断りしておきたい。

3-2　憲法文字

「虞」「頒」「劾」「詔」「但」「遵」「箇」「且」「濫」や「朕」「璽」については、『日本国憲法』やそれに密接に関連する文書に使われているから削除しない、という「原則」が立てられていることが、審議会の議論の中に見られる。関連する発言をいくつか引用しておく（圏点は引用者＝師）。

> ○阿辻委員
> …話が散漫になってしまうかもしれませんが、配布資料２の昭和17年の漢字表を見ていますと、特別漢字というのがあって、これは何か皇室とか憲法とかということですが、これと同じような発想で、ある意味では法律などで必ず必要になるという意味の新しい特別漢字を設定できないのかなという気がします。
> 　昔、法務省の方から聞いた話なんですが、御名御璽の「璽」と「朕」は、日本国憲法の発布のための詔か何かがあって、そこに使われているんだという話を聞いたことがあるんです。もしもそれが使われているんだったら、「朕」と「璽」は現在、生きている法律に使われている文字である可能性があるわけですね。そういうことを考慮すると、もしも法律用語という枠が作れるんだったら、そこにほうり込んでしまう方法もあるのではないかと思うんです。そういう可能性はないのかなというのが、先ほどから議論を伺っていて、まだどなたもおっしゃっていないことかなと思

> う次第です。（第12回国語分科会漢字小委員会〔2006年11月20日〕議事録）
>
> ○氏原主任国語調査官
>
> …今おっしゃったように、例えば「拷」は「拷問」にしか使わないだろうというのはそのとおりだと思うんです。ただし、検討の中で、今の常用漢字の中で頻度の低いものをどうするかというときにいろいろ議論したわけですが、その中で、冒頭に申し上げたように、**現在の憲法に使われているものは外さないという大きな原則**を一つ立てたんです。確か「拷問」も憲法の中に出てきたと思うんです。…これまで少なくとも「憲法漢字」という言われ方をよくしてきましたけれども、そういう形で入ってきたものについては尊重していこうというのが漢字ワーキンググループで出した結論です。よく問題になるような「朕」などにも今回触れていないというのはそういうことで、**あの字は、もちろん公布文の中で出てくるだけなんですけれども、それもこれまでと同様に扱っていこう**ということで、憲法に使われているものについては基本的に、これも随分いろいろ議論した結果、いじらないようにしようというのが漢字ワーキンググループで出した結論であるということです。（第21回国語分科会漢字小委員会〔2008年5月12日〕議事録）

したがってこれらの文字は、頻度とは別の基準で常用漢字として採用されていることがわかる。

3-3　意識調査

「弐」「謄」などは、2007年2月14日〜3月11日に全国16歳以上の男女を対象として行われた2006年度「国語に関する世論調査」に関わっている文字である。この調査では、「常用漢字表の認知度など、漢字使用にかかわる一般の人々の意識を中心に調査」[▶8]がなされたが、この中で頻度の低い常用漢字についての意識調査も行われているのである。

先の表に出てくる文字について見てみると、「弐」「謄」は6割台中〜後半の割合で「よく使われていると思う」「時々使われていると思う」と回答されており、削除されなかった背景の一つとして考えられる（議事録には見られないようであるが）。逆に「逓」は「余り使われていないと思う」「全く使われていないと思う」を合わせると約6割になり、議事録でも「逓」の残留を後押しするような議論は見つからなかったように思われる。どこか別のところで議論、判断がなされたのかもしれない。

いずれにせよこの場合も、頻度とは別の基準で常用漢字表への採否が判断されたものであることがわかるだろう。

4.　おわりに

以上、常用漢字表の改定における漢字の追加・削除において一つの判断材料とされた資料についてごく簡単に紹介をしてきた。各冊500〜700ページにもなる大部の資料の全体を紹介することはとてもできないため、本稿ではそのごく一端を紹介するにとどまったが、その雰囲気だけでも伝えることができたのではないかと思う。残念ながら現時点において本資料群は国会図書館などに公開場所が限定されており、必ずしも閲覧しやすい状態ではないが、いずれ何らかの形で広く公開されることを期待したい。これは、常用漢字表に関心がある人だけでなく、広く書記文化を研究している人々にも貢献する有益なデータになるのではないかと考えられる。

また、本稿の後半では選定の実際についてわずかばかりの考察を行ってみたが、ここからも今回の改定が頻度調査から機械的に導き出されたものではないことがわかるだろう。幸いにもこの資料が公開され、読者諸氏が改定常用漢字表を評価する際には、議事録などの他の資料を総合的に比較検討する必要があることを強調しておきたい。

最後にひとつだけ個人的な感想を述べさせてもらいたい。2010年8月のワークショップ[▶9]での口頭発表や本稿の執筆にあたっては、入手した資料をスキャナで読み込み、OCRにかけて精度の低い文字情報として抽出、手作業で整理しながら統計調査を行う、というような作業に多く時間を費やすことになった。もともとパソコン上で作られたであろう資料を、紙で入手し、それをデジタル化する、という作業は二度手間以外の何物でもない。様々な事情はあるのだろうが、デジタルデータとしてこの資料が公開されていれば、という思いを強く持たざるを得ない。

【付録】調査対象書籍名称（出版社名・五十音順、書籍名・五十音順）

以下の表は、『漢字出現頻度数調査 (3)』8〜20ページから抜粋したものである。

辞典・古典類		
1	朝日現代用語 2006 年版「知恵蔵」	朝日新聞社
2	ビジネス知恵蔵	朝日新聞社
3	予防医学の権威がすすめる健康食事典	朝日新聞社
4	イミダス 1	集英社
5	イミダス 2	集英社
6	スピーチに役立つ四字熟語辞典	集英社
7	赤ちゃん名づけ字典	小学館
8	古典セレクション源氏物語	小学館
9	食材図典	小学館
10	新編日本古典文学全集	小学館
11	日本方言大辞典	小学館
12	芭蕉全句	小学館
13	例解学習漢字辞典	小学館
14	例解学習国語辞典	小学館
15	漢詩への招待	文藝春秋社
16	ミステリ百科事典	文藝春秋社

単行本		
1	街道をゆく 1 巻	朝日新聞社
2	街道をゆく 2 巻	朝日新聞社
3	街道をゆく 3 巻	朝日新聞社
4	街道をゆく 4 巻	朝日新聞社
5	街道をゆく 5 巻	朝日新聞社
6	街道をゆく 6 巻	朝日新聞社
7	街道をゆく 7 巻	朝日新聞社
8	街道をゆく 8 巻	朝日新聞社
9	街道をゆく 9 巻	朝日新聞社
10	街道をゆく 10 巻	朝日新聞社
11	街道をゆく 11 巻	朝日新聞社
12	街道をゆく 12 巻	朝日新聞社
13	街道をゆく 13 巻	朝日新聞社
14	街道をゆく 14 巻	朝日新聞社
15	街道をゆく 15 巻	朝日新聞社
16	街道をゆく 16 巻	朝日新聞社
17	街道をゆく 17 巻	朝日新聞社
18	街道をゆく 18 巻	朝日新聞社
19	街道をゆく 19 巻	朝日新聞社
20	街道をゆく 20 巻	朝日新聞社
21	街道をゆく 21 巻	朝日新聞社
22	街道をゆく 22 巻	朝日新聞社
23	街道をゆく 23 巻	朝日新聞社
24	街道をゆく 24 巻	朝日新聞社
25	街道をゆく 25 巻	朝日新聞社
26	街道をゆく 26 巻	朝日新聞社
27	街道をゆく 27 巻	朝日新聞社
28	街道をゆく 28 巻	朝日新聞社
29	街道をゆく 29 巻	朝日新聞社
30	街道をゆく 30 巻	朝日新聞社
31	街道をゆく 31 巻	朝日新聞社
32	街道をゆく 32 巻	朝日新聞社
33	街道をゆく 33 巻	朝日新聞社
34	街道をゆく 34 巻	朝日新聞社
35	街道をゆく 35 巻	朝日新聞社
36	街道をゆく 36 巻	朝日新聞社
37	街道をゆく 37 巻	朝日新聞社
38	街道をゆく 38 巻	朝日新聞社
39	街道をゆく 39 巻	朝日新聞社
40	街道をゆく 40 巻	朝日新聞社
41	街道をゆく 41 巻	朝日新聞社
42	街道をゆく 42 巻	朝日新聞社
43	街道をゆく 43 巻・全 43 巻総索引	朝日新聞社
44	昭和陸軍の研究（上）	朝日新聞社
45	昭和陸軍の研究（下）	朝日新聞社
46	とっさの教養便利長	朝日新聞社

[▶10]

47	阿寒湖わらべ唄殺人事件	廣済堂出版
48	悪だくみ	廣済堂出版
49	悪魔の罠	廣済堂出版
50	浅き夢見し	廣済堂出版
51	紫陽花寺	廣済堂出版
52	甘い吐息	廣済堂出版
53	家康の隠密	廣済堂出版
54	異型の街角	廣済堂出版
55	異史・朝鮮半島動乱 ①	廣済堂出版
56	異人屋敷のムスメ	廣済堂出版
57	いとま化粧	廣済堂出版
58	異変戦国志	廣済堂出版
59	異変戦国誌 ③	廣済堂出版
60	いろの罠	廣済堂出版
61	インモラルマンション	廣済堂出版
62	艶夢	廣済堂出版
63	大奥・殺しの徒花	廣済堂出版
64	大江戸番太郎④ 木戸の闇仕置き	廣済堂出版
65	お元気ですか	廣済堂出版
66	「お宝鑑定」殺人事件	廣済堂出版
67	女郎花は死の匂い	廣済堂出版
68	隠密討ち江戸忍秘帖	廣済堂出版
69	影流！怨み斬り	廣済堂出版
70	上高地・幽玄の闇	廣済堂出版
71	雁渡り	廣済堂出版
72	木戸の闇裁き—大江戸番太郎	廣済堂出版
73	木戸の闇走り	廣済堂出版
74	木戸の隠れ裁き	廣済堂出版
75	木戸の影裁き	廣済堂出版
76	木戸の無情剣	廣済堂出版
77	京都嵯峨野・月の殺人	廣済堂出版
78	極闘！航空護衛艦 ②	廣済堂出版
79	黒い蛇	廣済堂出版
80	黒部峡谷殺人事件	廣済堂出版
81	孤影奥州街道	廣済堂出版
82	五十歳から読む『徒然草』	廣済堂出版
83	殺し屋	廣済堂出版
84	桜田御用屋敷	廣済堂出版
85	ささやき舟	廣済堂出版
86	思春	廣済堂出版

87	信濃陶芸の里殺人事件	廣済堂出版
88	修羅道中悪人狩り	廣済堂出版
89	宿怨	廣済堂出版
90	純愛	廣済堂出版
91	白羽のお鏡情艶旅	廣済堂出版
92	洲崎心中	廣済堂出版
93	戦国群盗伝	廣済堂出版
94	鷹同心道中控 ねむり姫	廣済堂出版
95	テロリスト潜入	廣済堂出版
96	東京―上野 3.6 キロの完全犯罪	廣済堂出版
97	ときめき	廣済堂出版
98	ときめき愛	廣済堂出版
99	特命謀略情事	廣済堂出版
100	秘命野望情事	廣済堂出版
101	土佐わらべうた殺人事件	廣済堂出版
102	新潟発「あさひ」複層の殺意	廣済堂出版
103	西鹿児島発「交換殺人」特急	廣済堂出版
104	虹の職人	廣済堂出版
105	俳人一茶捕物帳痩蛙の巻	廣済堂出版
106	博多―札幌見えざる殺人ルート	廣済堂出版
107	柔肌ざかり	廣済堂出版
108	八州廻り浪人奉行	廣済堂出版
109	八州廻り浪人奉行 血風闇夜の城下	廣済堂出版
110	八州廻り浪人奉行 4 日光道中	廣済堂出版
111	花びらあそび	廣済堂出版
112	花びらあつめ	廣済堂出版
113	花びらがえし	廣済堂出版
114	花びらさがし	廣済堂出版
115	花びらざかり	廣済堂出版
116	花びらしぐれ	廣済堂出版
117	花びらめぐり	廣済堂出版
118	花唇のまどろみ	廣済堂出版
119	花唇の誘い	廣済堂出版
120	非情の罠	廣済堂出版
121	肥前屋騒動	廣済堂出版
122	一橋隠密帳 三 策謀	廣済堂出版
123	百姓侍人情剣	廣済堂出版
124	百姓侍人情剣「見習い同心」	廣済堂出版
125	風雲甲穴城	廣済堂出版
126	復讐忍者闇さぐり	廣済堂出版
127	腐食の罠	廣済堂出版
128	冬の蝶殺人事件	廣済堂出版
129	紅珊瑚の簪	廣済堂出版
130	蛍の舟	廣済堂出版
131	本牧十二天の腕	廣済堂出版
132	凡人ほど成功する 49 の法則	廣済堂出版
133	魔弾（マッド・フィーバー）	廣済堂出版
134	迷い道	廣済堂出版
135	三河高原鳳来峡殺人事件	廣済堂出版
136	身代わり同心	廣済堂出版
137	密室遊戯	廣済堂出版
138	御堂筋の幻	廣済堂出版
139	美幌峠殺人事件	廣済堂出版
140	骸の街	廣済堂出版
141	明解ゴルフルール早わかり集	廣済堂出版
142	女神の悦楽	廣済堂出版
143	土竜同心姫道中	廣済堂出版
144	野獣たちに死を	廣済堂出版
145	夕映え	廣済堂出版
146	雪肌さぐり	廣済堂出版
147	夢ごこち	廣済堂出版
148	妖魔の絵殺人事件	廣済堂出版
149	用心棒風来剣 西国篇	廣済堂出版
150	用心棒風来剣 東国篇	廣済堂出版
151	夜鷹屋お万	廣済堂出版
152	夜の代打王	廣済堂出版
153	歓び愛	廣済堂出版
154	蘭学剣法獄門控え	廣済堂出版
155	歴史「再発見」物語	廣済堂出版
156	若狭恋唄殺人事件	廣済堂出版
157	奔る猿飛佐助	廣済堂出版
158	愛する能力	講談社
159	あやめ鰈ひかがみ	講談社
160	池波正太郎全集	講談社
161	池波正太郎全集 別巻	講談社
162	宇宙海兵隊ギガース 4	講談社
163	江戸と現代 0 と 10 万キロカロリーの世界	講談社
164	大江戸妖美伝	講談社
165	希望	講談社
166	九月は謎×謎修学旅行で暗号解読	講談社
167	ゴシック・ハート	講談社
168	ザビエルとその弟子	講談社
169	出生の秘密	講談社
170	女郎蜘蛛	講談社
171	第六の大罪伊集院大介の飲食	講談社
172	旅をする裸の眼	講談社
173	箪笥のなか	講談社
174	地上生活者（第一部）	講談社
175	地上生活者（第二部）	講談社
176	テクストから遠く離れて	講談社
177	Delusion 消えた探偵	講談社
178	天皇家の愛と苦悩	講談社
179	亡き母や 連作長篇	講談社
180	庭の桜、隣の犬	講談社
181	百年佳約	講談社
182	陽気な幽霊	講談社
183	乱調	講談社
184	浅見光彦・新たな事件	集英社
185	あなたの石	集英社
186	アメリカ外交の魂	集英社
187	怪しいシンドバッド	集英社
188	医師がすすめるウォーキング	集英社
189	いのちを守るドングリの森	集英社
190	イラクと日本	集英社
191	医療事故がとまらない	集英社
192	ウーマンアローン	集英社
193	海色の午後	集英社
194	運命をかえる言葉の力	集英社
195	英仏百年戦争	集英社
196	英雄三国志 一	集英社
197	英雄三国志 二	集英社
198	英雄三国志 三	集英社

199	英雄三国志 四	集英社
200	英雄三国志 五	集英社
201	英雄三国志 六	集英社
202	江戸の満腹力	集英社
203	江戸の旅人	集英社
204	絵はがきにされた少年	集英社
205	緒方貞子 難民支援の現場から	集英社
206	オクシタニア（上）	集英社
207	オクシタニア（下）	集英社
208	大人のための幸せレッスン	集英社
209	踊りませんか	集英社
210	恩をあだで返せ	集英社
211	温泉の法則	集英社
212	開高健ノンフィクション賞候補作ウーマン・アローン **[▶11]**	集英社
213	開高健ノンフィクション賞候補作オジーの恋	集英社
214	開高健ノンフィクション賞候補作上海美食探偵	集英社
215	開高健ノンフィクション賞候補作物乞う仏陀	集英社
216	かくも短き眠り	集英社
217	悲しきアンコールワット	集英社
218	カラスなぜ遊ぶ	集英社
219	漢詩に遊ぶ	集英社
220	環境共同体としての日中韓	集英社
221	姜尚中の政治学入門	集英社
222	gift	集英社
223	9・11ジェネレーション	集英社
224	きらめく映像ビジネス！	集英社
225	くすりの裏側	集英社
226	黒岩重吾のどかんたれ人生塾	集英社
227	決定版・真田十勇士（霧隠才蔵）	集英社
228	ゲノムが語る生命	集英社
229	健康とてもいい話	集英社
230	国境って何だろう	集英社
231	サウジアラビア中東の鍵を握る	集英社
232	サウンドトラック（上）	集英社
233	サウンドトラック（下）	集英社
234	坂の途中	集英社
235	サッカーW杯英雄たちの言葉	集英社
236	死神記十次郎江戸陰働き	集英社
237	小説工房12ヵ月	集英社
238	笑酔亭梅寿謎解噺	集英社
239	深層水「湧昇」、海を耕す！	集英社
240	人体常在菌のはなし	集英社
241	ZOO（1）	集英社
242	ZOO（2）	集英社
243	スピーチに役立つ四字熟語辞典	集英社
244	スペイン七千夜一夜	集英社
245	住まいと家族をめぐる物語	集英社
246	生命のつぶやき	集英社
247	世界の文学	集英社
248	川柳の群像	集英社
249	戦国の山城をゆく	集英社
250	太平洋―開かれた海の歴史	集英社
251	ダヴィンチコード・デコーデッド	集英社
252	朝鮮半島をどう見るか	集英社
253	伝説のスポーツライター賛歌	集英社
254	ドイツ人のバカ笑い	集英社
255	独創する日本の起業頭脳	集英社
256	都市は他人の秘密を消費する	集英社
257	十津川警部「ダブル誘拐」	集英社
258	豊海と育海の物語	集英社
259	捕物小説名作選（一）	集英社
260	捕物小説名作選（二）	集英社
261	ナースな言葉	集英社
262	なぜ通販で買うのですか	集英社
263	懐かしいアメリカTV映画史	集英社
264	日本の食材おいしい旅	集英社
265	日本語の力	集英社
266	日本神話とアンパンマン	集英社
267	人間の安全保障	集英社
268	熱帯遊戯	集英社
269	信長と十字架	集英社
270	パズラー謎と論理のエンタテインメント	集英社
271	ハナシがちがう！笑酔亭梅寿迷解噺	集英社
272	花の家事ごよみ	集英社
273	パレスチナ紛争史	集英社
274	火札	集英社
275	「ふたり暮らし」を楽しむ	集英社
276	プリズンホテル① 夏2版	集英社
277	プリズンホテル③ 冬	集英社
278	プリズンホテル④ 春	集英社
279	紛争と難民 ―緒方貞子の回想―	集英社
280	文学館のある旅	集英社
281	紅毛 十次郎江戸影働き	集英社
282	翻訳単行本エリアーナの物語 愛トスカーナ	集英社
283	まる子世代の生き方講座ルポ「まる子世代」	集英社
284	曼荼羅道 **[▶12]**	集英社
285	宮本武蔵の『五輪書』が面白いほどわかる本	集英社
286	『娘よ、ゆっくり大きくなりなさい』	集英社
287	優しい秘密	集英社
288	ヤバいぜっ！日本人	集英社
289	ゆらゆら橋から	集英社
290	よくわかる、こどもの医学	集英社
291	夜空のむこう	集英社
292	余白の美酒井田柿右衛門	集英社
293	ラブゴーゴー	集英社
294	ラブファイヤー	集英社
295	霊感淑女	集英社
296	恋愛のすべて	集英社
297	ローマの泉の物語	集英社

298	60歳でボケる人80歳でボケない人	集英社
299	お国ことばを知る方言の地図帳	小学館
300	新一年生学習プリント	小学館
301	人名用漢字一覧 ポケット版	小学館
302	大審問官スターリン	小学館
303	徹底反復書き順プリント 1～3年	小学館
304	徹底反復書き順プリント 1～6年	小学館
305	徹底反復書き順プリント 4～6年	小学館
306	日本語ぽこりぽこり	小学館
307	蒼き狼（改訂版）	新潮社
308	悪女について	新潮社
309	ウルトラ・ダラ	新潮社
310	お金とモノから解放されるイギリスの知恵	新潮社
311	きょうの一句	新潮社
312	極短小説	新潮社
313	兄弟	新潮社
314	香華	新潮社
315	号泣する準備はできていた	新潮社
316	四国はどこまで入れ換え可能か	新潮社
317	芝桜（上）	新潮社
318	芝桜（下）	新潮社
319	戦争と平和（一）	新潮社
320	戦争と平和（二）	新潮社
321	戦争と平和（三）	新潮社
322	戦争と平和（四）	新潮社
323	小さな工夫でゆっくり暮らす	新潮社
324	天皇家の“ふるさと”日向をゆく	新潮社
325	南総里見八犬伝	新潮社
326	古くて豊かなイギリスの家 便利で貧しい日本	新潮社
327	文人暴食	新潮社
328	ホームズ二世のロシア秘録	新潮社
329	星の王子さま	新潮社
330	魔の山 上	新潮社
331	魔の山 下	新潮社
332	木槿の咲く庭	新潮社
333	モーパッサン短編集（一）	新潮社
334	六十歳から百名山	新潮社
335	ロマノフの幻を追え（上）	新潮社
336	ロマノフの幻を追え（下）	新潮社
337	青の肖像	文藝春秋社
338	赤・黒 池袋ウエストゲートパーク外伝	文藝春秋社
339	赤い月（上）	文藝春秋社
340	赤い月（下）	文藝春秋社
341	蜻蛉始末	文藝春秋社
342	あなたの知らない精子競争	文藝春秋社
343	あの道この道	文藝春秋社
344	あの日、あなたは	文藝春秋社
345	鮎師	文藝春秋社
346	アラウンド・アローン	文藝春秋社
347	家康と権之丞	文藝春秋社
348	イギリス・ニッポン言わせてもらいまっせ	文藝春秋社
349	遺産	文藝春秋社
350	犬たちへの詫び状	文藝春秋社
351	いま本当の危機が始まった	文藝春秋社
352	今ここに	文藝春秋社
353	海のサムライたち	文藝春秋社
354	海の祭礼	文藝春秋社
355	海の斜光	文藝春秋社
356	海辺の扉 上	文藝春秋社
357	海辺の扉 下	文藝春秋社
358	うらやましい人	文藝春秋社
359	エースを出せ！	文藝春秋社
360	閻魔まいり	文藝春秋社
361	おいしい人間	文藝春秋社
362	大いなる助走	文藝春秋社
363	オーケストラの職人たち	文藝春秋社
364	おさえがたい欲望	文藝春秋社
365	鬼平犯科帳の人生論	文藝春秋社
366	オリーブオイルのおいしい生活	文藝春秋社
367	お料理さん、こんにちは	文藝春秋社
368	御宿かわせみ	文藝春秋社
369	御宿かわせみ（二）	文藝春秋社
370	御宿かわせみ（四）山茶花は見た	文藝春秋社
371	外交崩壊	文藝春秋社
372	隠し剣孤影抄	文藝春秋社
373	隠し剣秋風抄	文藝春秋社
374	かげろう絵図（上）	文藝春秋社
375	かげろう絵図（下）	文藝春秋社
376	風の食いもの	文藝春秋社
377	カヌー犬・ガクの生涯	文藝春秋社
378	カルトの子	文藝春秋社
379	関東大震災	文藝春秋社
380	韓国を食べる	文藝春秋社
381	考えるヒント	文藝春秋社
382	間諜 洋妾おむら（上）	文藝春秋社
383	間諜 洋妾おむら（下）	文藝春秋社
384	危機の政治学	文藝春秋社
385	奇譚草子	文藝春秋社
386	北朝鮮の子供たち	文藝春秋社
387	狐の嫁入り 御宿かわせみ（六）	文藝春秋社
388	キャパ その青春	文藝春秋社
389	キャパ その戦い	文藝春秋社
390	キャパ その死	文藝春秋社
391	虚人寺山修司伝	文藝春秋社
392	虚線の下絵	文藝春秋社
393	教科書でおぼえた名詩	文藝春秋社
394	玉蘭	文藝春秋社
395	キライなことば勢揃い	文藝春秋社
396	切り裂きジャック百年の孤独	文藝春秋社
397	くさいはうまい	文藝春秋社
398	鎖	文藝春秋社
399	雲雀	文藝春秋社
400	クライマーズ・ハイ	文藝春秋社
401	暗闇一心斎	文藝春秋社
402	Close to You	文藝春秋社
403	黒魔術の手帖	文藝春秋社
404	群青の夜の羽毛布	文藝春秋社

405	獣たちの庭園	文藝春秋社
406	剣法奥義	文藝春秋社
407	小泉政権非情の歳月	文藝春秋社
408	豪傑組	文藝春秋社
409	功名が辻（一）	文藝春秋社
410	功名が辻（二）	文藝春秋社
411	功名が辻（三）	文藝春秋社
412	功名が辻（四）	文藝春秋社
413	航海者 上	文藝春秋社
414	航海者 下	文藝春秋社
415	故郷忘じがたく候	文藝春秋社
416	黒衣の宰相	文藝春秋社
417	子どもは判ってくれない	文藝春秋社
418	ゴハンの丸かじり	文藝春秋社
419	転がる香港に苔は生えない	文藝春秋社
420	在宅で死ぬとゆうこと	文藝春秋社
421	沙中の回廊（上）	文藝春秋社
422	沙中の回廊（下）	文藝春秋社
423	薩南示現流	文藝春秋社
424	猿が啼くとき人が死ぬ	文藝春秋社
425	三陸海岸大津波	文藝春秋社
426	酸漿は殺しの口笛 御宿かわせみ（七）	文藝春秋社
427	質問する力	文藝春秋社
428	司馬遼太郎という物語	文藝春秋社
429	シャネル・スタイル	文藝春秋社
430	謝罪を越えて	文藝春秋社
431	朱なる十字架	文藝春秋社
432	重大事件に学ぶ「危機管理」	文藝春秋社
433	淑女の休日	文藝春秋社
434	春風無刀流	文藝春秋社
435	少年とアフリカ	文藝春秋社
436	少年記	文藝春秋社
437	昭和が明るかった頃	文藝春秋社
438	昭和怪女伝	文藝春秋社
439	昭和天皇の鰻茶漬	文藝春秋社
440	情状鑑定人	文藝春秋社
441	シンプル・リーダー論	文藝春秋社
442	侵入者	文藝春秋社
443	新宿・夏の死	文藝春秋社
444	新世代ビジネス、知っておきたい四賢人版マーケティングの心得	文藝春秋社
445	迅雷	文藝春秋社
446	水郷から来た女 御宿かわせみ（三）	文藝春秋社
447	清張さんと司馬さん	文藝春秋社
448	センセイの鞄	文藝春秋社
449	象が歩いた	文藝春秋社
450	大統領の陰謀	文藝春秋社
451	武田三代	文藝春秋社
452	武田信玄 火の巻	文藝春秋社
453	武田信玄 山の巻	文藝春秋社
454	武田信玄 風の巻	文藝春秋社
455	武田信玄 林の巻	文藝春秋社
456	タヌキの丸かじり	文藝春秋社
457	魂がふるえるとき	文藝春秋社
458	父の詫び状 新装版	文藝春秋社
459	散りぎわの花	文藝春秋社
460	沈黙者	文藝春秋社
461	月ノ浦惣庄公事置書	文藝春秋社
462	定年和尚	文藝春秋社
463	天の刻	文藝春秋社
464	天気待ち（監督・黒澤明とともに）	文藝春秋社
465	天使	文藝春秋社
466	天使はモップを持って	文藝春秋社
467	天然理科少年	文藝春秋社
468	天保世なおし廻状	文藝春秋社
469	天と地と 上巻	文藝春秋社
470	天と地と 中巻	文藝春秋社
471	天と地と 下巻	文藝春秋社
472	冬子の兵法 愛子の忍法	文藝春秋社
473	動物園にできること	文藝春秋社
474	道路の権力	文藝春秋社
475	遠いうた	文藝春秋社
476	ドキュメント 戦艦大和	文藝春秋社
477	とらちゃん的日常	文藝春秋社
478	夏、19歳の肖像	文藝春秋社
479	生にゅー！生でリアルなニューヨーク通信	文藝春秋社
480	ナンバーベストセレクション4	文藝春秋社
481	二十三の戦争短編小説	文藝春秋社
482	ニッポン全国酒紀行	文藝春秋社
483	日本がアメリカを赦す日	文藝春秋社
484	日本は中国にもう謝罪しなくていい	文藝春秋社
485	日本プラモデル興亡史	文藝春秋社
486	日本一の昆虫屋	文藝春秋社
487	日本民衆文化の原郷	文藝春秋社
488	日本の黒い霧（上）	文藝春秋社
489	日本の黒い霧（下）	文藝春秋社
490	猫めしの丸かじり	文藝春秋社
491	年金・月21万円の海外2人暮らし	文藝春秋社
492	白日	文藝春秋社
493	箱庭	文藝春秋社
494	はじまりのうたをさがす旅	文藝春秋社
495	発熱（上）	文藝春秋社
496	発熱（下）	文藝春秋社
497	母のいる場所	文藝春秋社
498	母のキャラメル	文藝春秋社
499	パリ発殺人列車	文藝春秋社
500	パンチパーマの猫	文藝春秋社
501	秀さんへ	文藝春秋社
502	ヒトのオスは飼わないの？	文藝春秋社
503	秘密結社の手帖	文藝春秋社
504	101個目のレモン	文藝春秋社
505	百人一酒	文藝春秋社
506	ヒヨコの猫またぎ	文藝春秋社
507	昼メシの丸かじり	文藝春秋社
508	夫婦が死と向きあうとき	文藝春秋社
509	富士に死す	文藝春秋社
510	ぶつぞう入門	文藝春秋社
511	冬の標	文藝春秋社
512	冬の眠り	文藝春秋社
513	陛下の御質問	文藝春秋社
514	骨音池袋ウエストゲートパーク III	文藝春秋社
515	捲くり眩られ、降り振られ	文藝春秋社
516	まずは社長がやめなさい	文藝春秋社
517	又蔵の火	文藝春秋社
518	松本清張コレクション（上）	文藝春秋社

519	松本清張コレクション（中）	文藝春秋社
520	松本清張コレクション（下）	文藝春秋社
521	真夜中の神話	文藝春秋社
522	明治撃剣会	文藝春秋社
523	もしかして愛だった	文藝春秋社
524	森は海の恋人	文藝春秋社
525	文句あっか !!	文藝春秋社
526	柳生武藝帳 上	文藝春秋社
527	柳生武藝帳 下	文藝春秋社
528	やまない雨はない	文藝春秋社
529	槍持ち佐五平の首	文藝春秋社
530	柔らかな頬（上）	文藝春秋社
531	柔らかな頬（下）	文藝春秋社
532	幽霊殺し 御宿かわせみ（五）	文藝春秋社
533	義経（上）	文藝春秋社
534	義経（下）	文藝春秋社
535	螺旋館の奇想	文藝春秋社
536	レイクサイド	文藝春秋社
537	歴史をあるく、文学をゆく	文藝春秋社
538	老兵は死なず	文藝春秋社
539	ロンドンの負けない日々	文藝春秋社
540	ワインデイズ	文藝春秋社

週刊誌

1	週刊現代 2006/1 年分	講談社
2	週刊ポスト 2006/1 年分	小学館
3	週刊文春 2006/1 年分	文藝春秋社

月刊誌

1	月刊ザテレビジョン 1 月号	角川書店
2	月刊ザテレビジョン 2 月号	角川書店
3	月刊ザテレビジョン 3 月号	角川書店
4	月刊ザテレビジョン 4 月号	角川書店
5	月刊ザテレビジョン 5 月号	角川書店
6	月刊ザテレビジョン 6 月号	角川書店
7	月刊ザテレビジョン 7 月号	角川書店
8	月刊ザテレビジョン 8 月号	角川書店
9	月刊ザテレビジョン 9 月号	角川書店
10	月刊ザテレビジョン 10 月号	角川書店
11	月刊ザテレビジョン 11 月号	角川書店
12	月刊ザテレビジョン 12 月号	角川書店
13	児童心理 1 月号	金子書房
14	児童心理 2 月号	金子書房
15	児童心理 3 月号	金子書房
16	児童心理 4 月号	金子書房
17	児童心理 5 月号	金子書房
18	児童心理 6 月号	金子書房
19	児童心理 7 月号	金子書房
20	児童心理 8 月号	金子書房
21	児童心理 9 月号	金子書房
22	児童心理 10 月号	金子書房
23	児童心理 11 月号	金子書房
24	児童心理 12 月号	金子書房
25	群像 1 月号	講談社
26	群像 2 月号	講談社
27	群像 3 月号	講談社
28	群像 4 月号	講談社
29	群像 5 月号	講談社
30	群像 6 月号	講談社
31	群像 7 月号	講談社
32	群像 8 月号	講談社
33	群像 9 月号	講談社
34	群像 10 月号	講談社
35	群像 11 月号	講談社
36	群像 12 月号	講談社
37	月刊 TVnavi［テレビナビ］1 月号	産経新聞社
38	月刊 TVnavi［テレビナビ］2 月号	産経新聞社
39	月刊 TVnavi［テレビナビ］3 月号	産経新聞社
40	月刊 TVnavi［テレビナビ］4 月号	産経新聞社
41	月刊 TVnavi［テレビナビ］5 月号	産経新聞社
42	月刊 TVnavi［テレビナビ］6 月号	産経新聞社
43	月刊 TVnavi［テレビナビ］7 月号	産経新聞社
44	月刊 TVnavi［テレビナビ］8 月号	産経新聞社
45	月刊 TVnavi［テレビナビ］9 月号	産経新聞社
46	月刊 TVnavi［テレビナビ］10 月号	産経新聞社
47	月刊 TVnavi［テレビナビ］11 月号	産経新聞社
48	月刊 TVnavi［テレビナビ］12 月号	産経新聞社
49	月刊 へら専科 1 月号	三和出版
50	月刊 へら専科 2 月号	三和出版
51	月刊 へら専科 3 月号	三和出版
52	月刊 へら専科 4 月号	三和出版
53	月刊 へら専科 5 月号	三和出版
54	月刊 へら専科 6 月号	三和出版
55	月刊 へら専科 7 月号	三和出版
56	月刊 へら専科 8 月号	三和出版
57	月刊 へら専科 9 月号	三和出版
58	月刊 へら専科 10 月号	三和出版
59	月刊 へら専科 11 月号	三和出版
60	月刊 へら専科 12 月号	三和出版
61	小説すばる 1 月号	集英社
62	小説すばる 2 月号	集英社
63	小説すばる 3 月号	集英社
64	小説すばる 4 月号	集英社
65	小説すばる 5 月号	集英社
66	小説すばる 6 月号	集英社
67	小説すばる 7 月号	集英社
68	小説すばる 8 月号	集英社
69	小説すばる 9 月号	集英社
70	小説すばる 10 月号	集英社
71	小説すばる 11 月号	集英社
72	小説すばる 12 月号	集英社
73	問題小説 1 月号	徳間書店
74	問題小説 2 月号	徳間書店
75	問題小説 3 月号	徳間書店
76	問題小説 4 月号	徳間書店
77	問題小説 5 月号	徳間書店
78	問題小説 6 月号	徳間書店
79	問題小説 7 月号	徳間書店
80	問題小説 8 月号	徳間書店
81	問題小説 9 月号	徳間書店
82	問題小説 10 月号	徳間書店
83	問題小説 11 月号	徳間書店

84	問題小説 12 月号	徳間書店
85	文藝春秋 1 月号	文藝春秋社
86	文藝春秋 2 月号	文藝春秋社
87	文藝春秋 3 月号	文藝春秋社
88	文藝春秋 4 月号	文藝春秋社
89	文藝春秋 5 月号	文藝春秋社
90	文藝春秋 6 月号	文藝春秋社
91	文藝春秋 7 月号	文藝春秋社
92	文藝春秋 8 月号	文藝春秋社
93	文藝春秋 9 月号	文藝春秋社
94	文藝春秋 10 月号	文藝春秋社
95	文藝春秋 11 月号	文藝春秋社
96	文藝春秋 12 月号	文藝春秋社
97	諸君！1 月号	文藝春秋社
98	諸君！2 月号	文藝春秋社
99	諸君！3 月号	文藝春秋社
100	諸君！4 月号	文藝春秋社
101	諸君！5 月号	文藝春秋社
102	諸君！6 月号	文藝春秋社
103	諸君！7 月号	文藝春秋社
104	諸君！8 月号	文藝春秋社
105	諸君！9 月号	文藝春秋社
106	諸君！10 月号	文藝春秋社
107	諸君！11 月号	文藝春秋社
108	諸君！12 月号	文藝春秋社
109	仏教藝術 275 号	毎日新聞社
110	仏教藝術 276 号	毎日新聞社
111	仏教藝術 277 号	毎日新聞社
112	仏教藝術 278 号	毎日新聞社
113	仏教藝術 279 号	毎日新聞社
114	仏教藝術 280 号	毎日新聞社
115	仏教藝術 281 号	毎日新聞社
116	仏教藝術 282 号	毎日新聞社
117	仏教藝術 283 号	毎日新聞社
118	仏教藝術 284 号	毎日新聞社
119	仏教藝術 285 号	毎日新聞社
120	仏教藝術 286 号	毎日新聞社

教科書	
小学校用教科書	国語
小学校用教科書	社会
中学校用教科書	国語
中学校用教科書	社会
中学校用教科書	理科
高等学校用教科書	日本史
高等学校用教科書	世界史
高等学校用教科書	地理
高等学校用教科書	現代社会
高等学校用教科書	倫理
高等学校用教科書	政治・経済

注

〔1〕「表外漢字字体表」（国語審議会、2000 年 12 月）が答申される以前に人名用漢字として認められていた 285 字。

〔2〕現行「戸籍法施行規則」（2004 年 9 月改正）の「別表第二　漢字の表」の「一」にある 774 字から上記「人名用漢字（A）」の 285 字を引いた 489 字。

〔3〕現行「戸籍法施行規則」（2004 年 9 月改正）の「別表第二　漢字の表」の「二」にある 209 字。

〔4〕http://www.bunka.go.jp/kokugo_nihongo/bunkasingi/kokugo_29/shiryo_4.html

〔5〕http://www.fresheye.com/

〔6〕Web における調査時期の問題については、本書所収の萩原正人氏の論考がたいへん示唆的なので、ぜひ参照していただきたい。

〔7〕議事録は「文化庁 ｜ 国語施策・日本語教育 ｜ 文化審議会国語分科会 ｜ 漢字小委員会」（http://www.bunka.go.jp/kokugo_nihongo/bunkasingi/kanji.html）以下に PDF 等で公開されている。

〔8〕「文化庁 ｜ 国語施策・日本語教育 ｜国語に関する世論調査 ｜ 平成 18 年度　」（http://www.bunka.go.jp/kokugo_nihongo/yoronchousa/h18/kekka.html）で、調査結果の概要を知ることができる。

〔9〕「第 5 回ワークショップ：文字—「現実」から見た改定常用漢字表—」（2010 年 8 月 11 日、東洋大学白山キャンパス）

〔10〕「とっさの教養便利帳」か。

〔11〕192 と同じものか。

〔12〕「曼荼羅道」か。

【付録】
改定常用漢字表（文化審議会答申）抜粋

I　基本的な考え方

1　情報化社会の進展と漢字政策の在り方

（1）改定常用漢字表作成の経緯

改定常用漢字表の作成は、「はじめに」で述べたように平成17年3月30日の文部科学大臣諮問に基づくものである。この諮問に添えられた理由には、

> 種々の社会変化の中でも、情報化の進展に伴う、パソコンや携帯電話などの情報機器の普及は人々の言語生活とりわけ、その漢字使用に大きな影響を与えている。このような状況にあって「法令、公用文書、新聞、雑誌、放送など、一般の社会生活において、現代の国語を書き表す場合の漢字使用の目安」である常用漢字表（昭和56年内閣告示・訓令）が、果たして、情報化の進展する現在においても「漢字使用の目安」として十分機能しているのかどうか、検討する時期に来ている。
>
> 常用漢字表の在り方を検討するに当たっては、JIS漢字や人名用漢字との関係を踏まえて、日本の漢字全体をどのように考えていくかという観点から総合的

> な漢字政策の構築を目指していく必要がある。その場合、これまで国語施策として明確な方針を示してこなかった固有名詞の扱いについても、基本的な考え方を整理していくことが不可欠となる。
>
> また、情報機器の広範な普及は、一方で、一般の文字生活において人々が手書きをする機会を確実に減らしている。漢字を手で書くことをどのように位置付けるかについては、情報化が進展すればするほど、重要な課題として検討することが求められる。検討に際しては、漢字の習得及び運用面とのかかわり、手書き自体が大切な文化であるという二つの面から整理していくことが望まれる。（平成17年3月30日文部科学大臣諮問理由）

と述べられている。

分科会においては、上述の理由を踏まえて、「総合的な漢字政策」の核となるものが「国語施策として示される漢字表」であること、また、昭和56年に制定された現行の常用漢字表が近年の情報機器の広範な普及を想定せずに作成されたものであることから、「漢字使用の目安」としては見直しが必要であることを確認した。このため、常用漢字表の内容に急激な変化を与えて社会的な混乱を来すことのないよう留意しながら、常用漢字表に代わる漢字表を作成することとした。

(2) 国語施策としての漢字表の必要性

国語施策として示される漢字表は、一般の社会生活において、現代の国語を書き表す場合の漢字使用の目安を示すものであるが、情報機器による漢字使用が一般化し、社会生活で目にする漢字の量が確実に増えていると認められる現在、このような目安としての漢字表があることは大きな意味がある。すなわち一般の社会生活における漢字使用を考えるときには「コミュニケーションの手段としての漢字使用」という観点が極めて重要であり、その観点を十分に踏まえて作成された漢字表は、国民の言語生活の円滑化、また、漢字習得の目標の明確化に寄与すると考えられるためである。

言語生活の円滑化とは、当該の漢字表に基づく表記をすることによって、我が国の表記法として広く行われている漢字仮名交じり文による文字言語の伝達をより分かりやすく、効率的なものとすることができ、同時に、表現そのものの平易化にもつながるということである。このことは、情報機器の使用による漢字の多用化傾向が認められる現在の情報化社会の中で、〈漢字使用の目安としての漢字表〉が存在しない状況を想像してみれば明らかである。

また、情報機器の広範な普及によって、書記環境は大きく変わったが、読む行為自体は基本的に変わっていない。端的に言えば、現時点において情報機器は「読む行為」よりも「書く行為」を支援する役割が大きい。情報機器が広く普及し、その使用が一般化した時代の漢字使用の特質は、この点と密接にかかわるものである。その意味で、情報化社会においては、これまで以上に「読み手」に配慮した「書き手」になるという注意深さが求められる。情報化時代と言われる現在は、これまでと比較して、受け取る情報量が圧倒的に増えているということからも、この考え方の重要性は了解されよう。

(3) JIS漢字と、国語施策としての漢字表

現在、多くの情報機器に搭載されているJIS漢字の数は、第1水準、第2水準合わせて6355字あり、現行の常用漢字表に掲げる1945字の3倍強となっている。さらに、既に1万字を超える漢字（JIS第1～第4水準の漢字数は10050字）を搭載している情報機器も急速に普及しつつある。情報機器を利用することで、このような多数の漢字が簡単に使える現在、常用漢字表の存在意義がなくなったのではないかという見方もある。

しかし、このことは、既に述べたことからも明らかなように、一般の社会生活における「漢字使用の目安」を定めている常用漢字表の意義を損なうものではない。むしろ簡単に漢字が使えることによって、漢字の多用化傾向が認められる中では、「一般の社会生活で用いる場合の、効率的で共通性の高い漢字を収め、分かりやすく通じやすい文章を書き表すための漢字使用の目安（「常用漢字表」の答申前文）」となる常用漢字表の意義はかえって高まっていると考えるべきである。改定常用漢字表に求められる役割もこれと同様のものである。

現在の情報化社会の中で大きな役割を果たしているJIS漢字については、その重要性を十分認識しつつ、一般のコミュニケーションにおける漢字使用という観点から、「国語施策としての漢字表」を確実に踏まえた対応が必要である。すなわち、分かりやすい日本語表記に不可欠な「国語施策としての漢字表」に基づいて、情報機器に搭載されている〈多数の漢字を適切に選択しつつ使いこなしていく〉という考え方を多くの国民が基本認識として持つ必要がある。

⑷ 漢字を手書きすることの重要性

漢字を手で書くことをどのように位置付けていくかについては、情報機器の利用が一般化する中で、早急に整理すべき課題である。その場合、文部科学大臣の諮問理由で述べられていたように、「漢字の習得及び運用面とのかかわり、手書き自体が大切な文化であるという二つの面から整理していく」必要がある。

このうち前者については、漢字の習得時と運用時に分けて考えることができる。情報機器を利用する場合にも、後述するように、情報機器の利用に特有な漢字習得が行われていると考えられるが、情報機器の利用が今後、更に日常化・一般化しても、習得時に当たる小学校・中学校では、それぞれの年代を通じて書き取りの練習を行うことが必要である。それは、書き取り練習の中で繰り返し漢字を手書きすることで、視覚、触覚、運動感覚など様々な感覚が複合する形でかかわることになるためである。これによって、脳が活性化されるとともに、漢字の習得に大きく寄与する。このような形で漢字を習得していくことは、漢字の基本的な運筆を確実に身に付けさせるだけでなく、将来、漢字を正確に弁別し、的確に運用する能力の形成及びその伸長・充実に結び付くものである。

運用時については、近年、手で書く機会が減り、情報機器を利用して漢字を書くことが多いが、その場合は複数の変換候補の中から適切な漢字を選択できることが必要となる。この選択能力は、基本的には、習得時の書き取り練習によって、身に付けた種々の感覚が一体化されることで、瞬時に、漢字を図形のように弁別できるようになることから獲得されていくものであると考えられる。

情報機器の利用は、複数の変換候補の中から適切な漢字を選択することにより、それ自体が特有の漢字習得につながっている。この場合、様々な感覚が複合する形でかかわる書き取りの反復練習とは異なって、視覚のみがかかわった習得となる。今後、情報機器の利用による習得機会は一層増加すると考えられるが、視覚のみがかかわる漢字習得では、主に漢字を図形のように弁別できる能力を強化することにしかならず、繰り返し漢字を手書きすることで身に付く、漢字の基本的な運筆や、図形弁別の根幹となる認知能力などを育てることはできない。

以上のように、漢字を手書きすることは極めて重要であり、漢字を習得し、その運用能力を形成していく上で不可欠なものと位置付けられる。

平成14年度に実施した文化庁の「国語に関する世論調査」の中で、「あなたの経験から漢字を習得する上で、どのようなことが役に立ちましたか。」と尋ねているが、第1位は「何度も手で書くこと」（74.3%）であり、上述の考えを裏付ける結果となっている。

後者の、手書き自体が大切な文化であるということに関連する調査として、同じ平成14年度実施の文化庁「国語に関する世論調査」の中で、「あなたは、漢字についてどのような意識を持っていますか。」ということを尋ねている。この結果は、「日本語の表記に欠くことのできない大切な文字である。」を選んだ人が71.0%で最も多く、逆に、最も少なかったのは「ワープロなどがあるので、これからは漢字を書く必要は少なくなる。」の3.4%であった。漢字を書く必要性は今後もなくならないと考えている人が多数を占めていることは注目に値する。パソコンや携帯電話などの情報機器の使用が日常化し、一般化する中で、手書きの重要性が再認識されつつあるが、一方で、手書きでは相手（＝読み手）に申し訳ないといった価値観も同時に生じていることに目を向ける必要がある。

上述のような状況を踏まえて、効率性が優先される実用の世界は別として、〈手で書くということは日本の文化としても極めて大切なものである〉という考え方を社会全体に普及していくことが重要である。また、手で書いた文字には、書き手の個性が現れるが、その意味でも、個性を大事にしようとする時代であるからこそ、手で書くことが一層大切にされなければならないという考え方が強く求められているとも言えよう。情報機器が普及すればするほど、手書きの価値を改めて認識していくことが大切である。

(5) 名付けに用いる漢字

人名用漢字は、平成16年9月27日付けの戸籍法施行規則の改正により、それ以前と比較して、その数が大幅に増えた。このこと自体は名付けに用いることのできる漢字の選択肢が広がったということであるが、一方で、このような状況を踏まえると、名の持つ社会的な側面に十分配慮した、適切な漢字を使用していくという考え方がこれまで以上に社会全体に広がっていく必要がある。具体的には「子の名というものは、その社会性の上からみて、常用平易な文字を選んでつけることが、その子の将来のためであるということは、社会通念として常識的に了解されることであろう。（国語審議会「人

名漢字に関する声明書」、昭和 27 年)」という認識を基本的に継承し、

①文化の継承、命名の自由という観点を踏まえつつも、社会性という観点を併せ考え、読みやすく分かりやすい漢字を選ぶ。
②その漢字の意味や読み方を十分に踏まえた上で、子の名にふさわしい漢字を選ぶ。

という考え方が社会一般に共有される必要がある。

(6) 固有名詞における字体についての考え方

固有名詞（人名・地名）における漢字使用については、特にその字体の多様性が問題となるが、その中でも姓や名に用いている漢字の字体には強いこだわりを持つ人が多い。そこに用いられている各種の異体字は、その個人のアイデンティティーの問題とも密接に絡んでおり、基本的には尊重されるべきである。しかしながら、一般の社会生活における「コミュニケーションの手段としての漢字使用」という観点からは、その個人固有の字体に固執して、他人にまで、その字体の使用を過度に要求することは好ましいことではない。

公共性の高い、一般の文書等での漢字使用においては、「1字種1字体」が基本であることを確認していくことは「コミュニケーションの手段としての漢字使用」という観点からは極めて大切である。姓や名だけでなく、新たに地名を付ける場合などにおいても、漢字の持つ社会的な側面を併せ考えていくという態度が社会全体の共通認識となっていくことが

何より重要である。

2　改定常用漢字表の性格

(1)　基本的な性格

改定常用漢字表は、現行の常用漢字表と同じく、法令・公用文書・新聞・雑誌・放送等、一般の社会生活で用いる場合の、効率的で共通性の高い漢字を収め、分かりやすく通じやすい文章を書き表すための、新たな漢字使用の目安となることを目指したものである。一般の社会生活における漢字使用とは、義務教育における学習を終えた後、ある程度実社会や学校での生活を経た人を対象として考えたもので、この点も現行の常用漢字表と同様である。端的には、

1 法令、公用文書、新聞、雑誌、放送等、一般の社会生活において、現代の国語を書き表す場合の漢字使用の目安を示すものである。
2 科学、技術、芸術その他の各種専門分野や、個々人の表記にまで及ぼそうとするものではない。ただし、専門分野の語であっても、一般の社会生活と密接に関連する語の表記については、この表を参考とすることが望ましい。
3 固有名詞を対象とするものではない。ただし、固有名詞の中でも特に公共性の高い都道府県名に用いる漢字及びそれに準じる漢字は例外として扱う。
4 過去の著作や文書における漢字使用を否定するものではない。
5 運用に当たっては、個々の事情に応じて、適切な

考慮を加える余地のあるものである。

という性格の漢字表と位置付けて作成するものである。また、「漢字使用の目安」における「目安」についても、現行の常用漢字表と同趣旨のものである。具体的には、「①法令・公用文書・新聞・雑誌・放送等、一般の社会生活において、この表を無視してほしいままに漢字を使用してもよいというのではなく、この表を努力目標として尊重することが期待されるものであること。」、「②法令・公用文書・新聞・雑誌・放送等、一般の社会生活において、この表を基に、実情に応じて独自の漢字使用の取決めをそれぞれ作成するなど、分野によってこの表の扱い方に差を生ずることを妨げないものであること。」(「常用漢字表」答申前文) という意味の語として用いているものである。

上述のように、改定常用漢字表は一般の社会生活における漢字使用の目安となることを目指すものであるから、表に掲げられた漢字だけを用いて文章を書かなければならないという制限的なものでなく、必要に応じ、振り仮名等を用いて読み方を示すような配慮を加えるなどした上で、表に掲げられていない漢字を使用することもできるものである。文脈や読み手の状況に応じて、振り仮名等を活用することについては、表に掲げられている漢字であるか否かにかかわらず、配慮すべきことであろう。このような配慮をするに当たっては、文化庁が平成22年2月から3月に実施した追加及び削除字種にかかわる国民の意識調査の結果も参考となろう。

なお、情報機器の使用が一般化・日常化している現在の文字生活の実態を踏まえるならば、漢字表に掲げるすべての漢字を手書きできる必要はなく、また、それを求めるものでもない。

(2) 固有名詞に用いられる漢字の扱い

改定常用漢字表の中に、専ら固有名詞（主に人名・地名）を表記するのに用いられる漢字を取り込むことは、一般用の漢字と固有名詞に用いられる漢字との性格の違いから難しい。したがって、これまでどおり漢字表の適用範囲からは除外する。ただし、都道府県名に用いる漢字及びそれに準じる漢字は例外として扱う。

適用の対象としない理由は、既に述べた両者の性格の違いからということであるが、もう少し具体的に述べれば、使用字種及び使用字体の多様性に加え、使用音訓の多様性までもが絡んでくるためである。一般の漢字表記にはほとんど使われず、固有名詞の漢字表記にだけ使われる〈固有名詞用の字種や字体及び音訓〉はかなり多いというのが実情である。

3　字種・音訓の選定について

(1) 字種選定の考え方・選定の手順

現行の常用漢字表に掲げる漢字と、現在の社会生活における漢字使用の実態との間にはずれが生じており、このずれを解消するという観点から、字種の選定を行うこととした。そのため改定常用漢字表における字種としては、基本的に、一般社会においてよく使われている漢字（＝出現頻度数の高い漢字）を選定することとし、具体的には、最初に常用漢字を含む3500字程度の漢字集合を特定し、そこから、必要な漢字を絞り込むこととした。この選定過程では、以下の①を基本として、②以下の項目についても配慮しながら、単に漢字の出現頻度数だけではなく、様々な要素を総合的に勘案して選定していくことを基本方針とした。

①教育等の様々な要素はいったん外して、日常生活でよく使われている漢字を出現頻度数調査の結果によって機械的に選ぶ。

②固有名詞専用字ということで、これまで外されてきた「阪」や「岡」等についても、出現頻度数が高ければ最初から排除はしない。（これについては最終的に上記２の（1）３のように扱うこととした。）

③出現頻度数が低くても、文化の継承という観点等から、一般の社会生活に必要と思われる漢字については取り上げていくことを考える。

④漢字の習得の観点から、漢字の構成要素等を知るための基本となる漢字を選定することも考える。

①の考え方に基づいた漢字集合を特定するために、以下のような「漢字出現頻度数調査」を実施した。

これらの調査結果のうち、Ａを基本資料、Ｂ以下を補助資料と位置付けて、上記の3500字の漢字集合に入った漢字の１字１字について、改定常用漢字表に入れるべきかどうかを判断した。実際に検討した漢字は、調査Ａにおいて、

		対象総漢字数	調査対象としたデータ
A	漢字出現頻度数調査（3）※1	49,072,315	書籍860冊分の凸版組版データ
B	上記Aの第2部調査	3,290,795	Aのうち教科書分の抽出データ
C	漢字出現頻度数調査（新聞）※2	3,674,613	朝日新聞2か月分の紙面データ
D	漢字出現頻度数調査（新聞）※2	3,428,829	読売新聞2か月分の紙面データ
E	漢字出現頻度数調査（ウェブサイト）※3	1,390,997,102	ウェブサイト調査の抽出データ

※１　Ａの調査対象総文字数は「169,050,703」。また、Ｂとは別に、第３部として月刊誌４誌の抽出調査も実施している。これらの組版データは、いずれも平成16年、17年、18年に凸版印刷が作成したものである。

※２　Ｃ、Ｄは、いずれも平成18年10月１日～11月30日までの朝刊・夕刊の最終版を調査したデータである。

※３　調査全体の漢字数は「3,128,388,952」。このうち「電子掲示板サイトにおける投稿本文」のデータを除いたもの。

常用漢字としては、最も出現順位の低かった「銑」(4004位)と同じ出現回数を持つ漢字までとしたので、4011字に上る。

この漢字集合に入った漢字については、常用漢字であるか、表外漢字であるかによって、次のような方針に従い、かつ常用漢字表における字種選定の考え方を参考としながら選定作業を進めた。

〈方針：常用漢字・表外漢字の扱い〉

①常用漢字のうち、2500位以内のものは残す方向で考える（個別の検討はしない）。

②常用漢字で、2501位以下のものは「候補漢字A」とし、個別に検討を加える（→該当する常用漢字は60字）。

③表外漢字のうち、1500位以内の漢字を「候補漢字S」とし、個別に検討する。

④表外漢字のうち、1501～2500位のものを「候補漢字A」とし、個別に検討する。

⑤表外漢字のうち、2501～3500位のものを「候補漢字B」とし、個別に検討する。

なお、3501～4011位までの表外漢字のうち、特に検討する必要を認めた漢字については「候補漢字B」に準じて扱うこととした。また、常用漢字の異体字（「嶋」、「國」など）は検討対象から外した。候補漢字については、

- 候補漢字S: 基本的に新漢字表に加える方向で考える。

- 候補漢字 A: 基本的に残す方向で考えるが、不要なものは落とす。
- 候補漢字 B: 特に必要な漢字だけを拾う。

と考えたが、これは、検討を効率的に進めるための便宜的な区分であり、実際には対象漢字の１字１字を常用漢字表の選定基準に照らしつつ総合的に判断した。選定基準の３に関して、都道府県名に用いる漢字及びそれに準じる漢字は例外とした。

〈選定基準 : 昭和 56 年 3 月 23 日国語審議会答申「常用漢字表」前文〉

　字種や音訓の選定に当たっては、語や文を書き表すという観点から、現代の国語で使用されている字種や音訓の実態に基づいて総合的に判断した。主な考え方は次のとおりである。

1　使用度や機能度（特に造語力）の高いものを取り上げる。なお、使用分野の広さも参考にする。
2　使用度や機能度がさほど高くなくても、概念の表現という点から考えた場合に、仮名書きでは分かりにくく、特に必要と思われるものは取り上げる。
3　地名・人名など、主として固有名詞として用いられるものは取り上げない。
4　感動詞・助動詞・助詞のためのものは取り上げない。
5　代名詞・副詞・接続詞のためのものは広く使用さ

れるものを取り上げる。

6 異字同訓はなるべく避けるが、漢字の使い分けのできるもの及び漢字で書く習慣の強いものは取り上げる。

7 いわゆる当て字や熟字訓のうち、慣用の久しいものは取り上げる。

なお、当用漢字表に掲げてある字種は、各方面への影響も考慮して、すべて取り上げた。

(2) 字種選定における判断の観点と検討の結果

上記(1)に述べた作業の結果、現行の常用漢字表に追加する字種の候補として220字、現行の常用漢字表から削除する字種の候補として5字を選定した。その後、「出現文字列頻度数調査」を用いて、追加候補及び削除候補の1字1字の使用実態を確認しながら、追加字種候補を188字とした。「出現文字列頻度数調査」とは、(1)の「漢字出現頻度数調査A」に出現している漢字のうち、検討対象とした漢字を中心として前後1文字(全体で3文字)の文字列を抽出し、当該の漢字の出現状況を見ようとしたものである。この「出現文字列頻度数調査」によって、当該の漢字の出現状況が明らかになり、その漢字の具体的な使われ方を正確に確認することができた。その上で、当該の漢字を追加候補とするかどうかについては、基本的には前述の常用漢字表の選定基準と重なるものであるが、以下のような観点に照らして判断した。

〈入れると判断した場合の観点〉

①出現頻度が高く、造語力（熟語の構成能力）も高い

→　音と訓の両方で使われるものを優先する（例：眉、溺）

②漢字仮名交じり文の「読み取りの効率性」を高める

→　出現頻度が高い字を基本とするが、それほど高くなくても漢字で表記した方が分かりやすい字（例：謙遜の「遜」、堆積の「堆」）

→　出現頻度が高く、広く使われている代名詞（例：誰、俺）

③固有名詞の例外として入れる

→　都道府県名（例：岡、阪）及びそれに準じる字（例：畿、韓）

④社会生活上よく使われ、必要と認められる

→　書籍や新聞の出現頻度が低くても、必要な字（例：訃報の「訃」）

〈入れないと判断した場合の観点〉

①　出現頻度が高くても造語力（熟語の構成能力）が低く、訓のみ、あるいは訓中心に使用（例：濡、覗）

②　出現頻度が高くても、固有名詞（人名・地名）中心に使用（例：伊、鴨）

③　造語力が低く、仮名書き・ルビ使用で、対応できると判断（例：醤、顛）

④　造語力が低く、音訳語・歴史用語など特定分野で使用（例：菩、揆）

188字の追加字種候補を選定した後、追加字種の音訓を検討する過程で、字種についても若干の見直し（追加4字、削除1字）を行い、「新常用漢字表（仮称）」に関する試案」では191字を追加することとした。さらに、平成21年3月から4月に実施した、一般国民及び各府省等を対象とした意見募集で寄せられた意見を踏まえて再度の見直し（追加9字、削除4字）を行い、「改定常用漢字表」に関する試案」では196字を追加字種とした。また、平成21年11月から12月には2度目の意見募集を実施し、寄せられた意見を精査した上で更に検討を加えたが、答申でも、この196字の追加字種をそのまま踏襲することとした。

さらに、選定した196字の追加字種と5字の削除字種については、平成22年2月から3月に、意識調査（16歳以上の国民約4100人から回答）を実施した。その結果は、字種の選定が妥当であったことを裏付けたものとなっている。

なお、2度の意見募集に際し、関係者から追加要望のあった「碍《がい》（障碍）」は、上述の字種選定基準に照らして、現時点では追加しないが、政府の「障がい者制度改革推進本部」において、「「障害」の表記の在り方」に関する検討が行われているところであり、その検討結果によっては、改めて検討することとする。

（3）字種選定に伴って検討したその他の問題

字種の選定に伴って、検討の過程では、「準常用漢字（仮称＝情報機器を利用して書ければよい漢字）」や「特別漢字（仮称＝出現頻度は低くても日常生活に必要な漢字）」を設定するかどうか、また、現行の常用漢字表にある「付表」（当て字や熟字訓などを語の形で掲げた表）に加え、例えば、「挨拶」の「挨」と「拶」のように、「挨拶」という特定の熟語でしか使わない〈頻度の高い表外漢字の熟語〉や、「元旦」のように表外漢字の「旦」を含む熟語等について、その特定の語に限って常用漢字と同様に認める熟語の表を「付表２（仮称）」あるいは「別表（仮称）」として設定するかどうかなどについても時間を掛けて検討したが、最終的には〈なるべく単純明快な漢字表を作成する〉という考え方を優先し、これらについては設定しないこととした。

（4）音訓の選定

「新常用漢字表（仮称）」に関する試案」で追加字種とした191字については、既に述べた「常用漢字表の選定基準」及び「出現文字列頻度数調査」の結果を併せ見ながら、採用すべき音訓を決めた。また、現行の常用漢字表にある字についても、その音訓をすべて再検討し、現在の文字生活の実態から考えて必要な音訓を追加し、必要ないと判断された訓（疲：つからす）を削除した。「付表」についても同様の観点から再検討し、若干の手直しを施した。

なお、音訓の選定に当たっては、独立行政法人国立国語研究所から提供を受けた資料（「現代日本語書き言葉均衡コーパス」の生産実態サブコーパス・書籍データのうち、平成20年9月9日の時点で、利用可能な約1730万語のデータに基づく調査結果）を併せ参照した。

その後、（2）の「字種選定における判断の観点と検討の結果」で述べた２度の意見募集によって寄せられた意見を踏まえ、新たに追加した字種の音訓も含めて、音訓についての見直しを行い、必要な音訓の追加及び削除を行った。

4　追加字種の字体について

(1)　字体・書体・字形について

字体・書体・字形については、現行常用漢字表の「字体は文字の骨組みである」という考え方を踏襲し、この３者の関係を分析・整理した「表外漢字字体表」（国語審議会答申、平成12年12月）の考え方に従っている。以下に、３者の関係を改めて述べる。

文字の骨組みである字体とは、ある文字をある文字たらしめている点画の抽象的な構成の在り方のことで、他の文字との弁別にかかわるものである。字体は抽象的な形態上の観念であるから、これを可視的に示そうとすれば、一定のスタイルを持つ具体的な文字として出現させる必要がある。
この字体の具体化に際し、視覚的な特徴となって現れる一定のスタイルの体系が書体である。例えば、書体の一つである明《ミン》朝体の場合は、縦画を太く横画を細くして横画の終筆部にウロコという三角形の装飾を付けるなど、一定のスタイルで統一されている。すなわち、現実の文字は、例外なく、骨組みとしての字体を具体的に出現させた書体として存在しているものである。書体には、印刷文字で言えば、明朝体、ゴシック体、正楷《かい》書体、教科書体等がある。

また、字体、書体のほかに字形という語があるが、これは印刷文字、手書き文字を問わず、目に見える文字の形そのものを総称して言う場合に用いる。総称してというのは、様々なレベルでの文字の形の相違を包括して称するということである。したがって、「論」と「論」などの文字の違いや「談

(明朝体)」と「談(ゴシック体)」などの書体の違いを字形の相違と言うことも可能であるし、同一字体・同一書体であっても生じ得るような微細な違いを字形の相違と言うことも可能である。

なお、ここで言う手書き文字とは、主として、楷書(楷書に近い行書を含む。)で書かれた字形を対象として用いているものである。

(2) 追加字種における字体の考え方

現行常用漢字表では、「主として印刷文字の面から現代の通用字体(答申前文)」が示され、筆写における「手書き文字」は別のこととしている。本答申でも、この考え方を踏襲し、本表の漢字欄には、印刷文字としての通用字体を示した。具体的には、「表外漢字字体表」の「印刷標準字体」と、「人名用漢字字体」を通用字体とを掲げ、人名用漢字字体の「痩」は「瘦」を掲げた関係で採用していない。なお、現行の常用漢字表制定時に追加した95字については、表内の字体に合わせ、一部の字体を簡略化したが、今回は追加字種における字体が既に「印刷標準字体」及び「人名用漢字字体」として示され、社会的に極めて安定しつつある状況を重視し、そのような方針は採らなかった。より具体的に述べれば、以下のとおりである。

①当該の字種における「最も頻度高く使用されている字体」を採用する。

- 「表外漢字字体表」の「印刷標準字体」及び「人名用漢字字体」がそれに該当する。(「表外漢字字体表」の「簡易慣用字体」を採用するものは、頻度数に優先して、生活漢字としての側面を重視したことによる。)

- 教科書や国語辞典をはじめ、一般の書籍でも当該字種の字体として広く用いられている。例えば、上述の「漢字出現頻度数調査A」では、(頬:8回、頰:6685回)(亀:6695回、龜:4回)(遡:2回、遡:753回)(餌:3回、餌:1377回)という結果(出現回数)となっている。
- 情報機器でも近い将来この字体に収束していくものと考えられる。

②国語施策としての一貫性を大切にする。

- 今回、追加する字種の標準の字体が、既に「印刷標準字体」及び「人名用漢字字体(=昭和26年以降平成9年までに示された字体。なお、平成16年9月に追加された人名用漢字においては、印刷標準字体がそのまま採用されている。)」として示されており、表内に入るからといって、その標準の字体を変更することは、安定している字体の使用状況に大きな混乱をもたらすことが予想される。このことは、表外に出る漢字にも同様に当てはまることであり、標準の字体は表内か表外かで変わるものではない。
- 社会的な慣用(字体の安定性)を重んじ、一般の文字生活の現実を混乱させないという考え方が国語施策の基本的な態度である。

③「改定常用漢字表」の「目安」としての性格を考慮

する。

- 目安としての漢字表である限り、表外漢字との併用が前提となる。この点から表内の字体の整合を図る意味が、制限漢字表であった当用漢字表に比べて相対的に低下している。
- 今後、常用漢字が更に増えたとしても表外漢字との併用が前提となる。その表外漢字の字体は基本的に印刷標準字体であるので、表内に入れば、字体変更するということが繰り返されると、社会における字体の安定性という面で大きな問題となる。

④ JIS 規格（JIS X 0213）における改正の経緯を考慮する。

- 表外漢字字体表の「答申前文」にある以下の記述に沿って、JIS 規格（JIS X 0213）が平成 16 年 2 月に改正され、印刷標準字体及び簡易慣用字体が既に採用されていることを考慮する必要がある。

今後、情報機器の一層の普及が予想される中で、その情報機器に搭載される表外漢字の字体については、表外漢字字体表の趣旨が生かされることが望ましい。このことは、国内の文字コードや国際的な文字コードの問題と直接かかわっており、将来的に文字コードの見直しがある場合、表外漢字字体表の趣旨が生かせる形での改訂が望まれる。改訂に当たっては、関係各機関の十分な連携と各方面への適切な配慮の下に検討される必要があろう。（平成 12 年 12 月 8 日国語審議

会答申「表外漢字字体表」前文)

- 今回、字体を変更することは、表外漢字字体表に従って改正された文字コード及びそれに基づいて搭載される情報機器の字体に大きな混乱をもたらすことになる。

また、個々の漢字の字体については、現行の常用漢字表同様、印刷文字として、明朝体が現在最も広く用いられているので、便宜上、そのうちの一種を例に用いて示した。このことは、ここに用いたものによって、現在行われている各種の明朝体のデザイン上の差異を問題にしようとするものではない。この点についても、現行の常用漢字表と同様である。(「(付) 字体についての解説」参照)

なお、現行の常用漢字表に示されている通用字体については一切変更しないが、これも上記の理由（特に①及び②）に基づく判断である。

(3) 手書き字形に対する手当て等

上記 (2) で述べた方針を採った場合、現行の常用漢字表で示す「通用字体」と異なるものが一部採用されることになる。特に「しんにゅう」「しょくへん」については、同じ「しんにゅう／しょくへん」でありながら、現行の「辶／𩙿」の字形に対して「⻍／飠」の字形が混在することになる。この点に関し、印刷文字に対する手当てとしては、

「しんにゅう／しょくへん」にかかわる字のうち、

「辶／飠」の字形が通用字体であるものについては、「⻌／食」の字形を角括弧に入れて許容字体として併せ示した。当該の字に関して、現に印刷文字として許容字体を用いている場合、通用字体である「辶／飠」の字形に改める必要はない。

という「字体の許容」を行い、更に当該の字の備考欄には、角括弧を付したものが「許容字体」であることを注記した。「字体の許容」を適用するのは、具体的には「遜（遜）・遡（遡）・謎（謎）・餌（餌）・餅（餅）」の５字（いずれも括弧の中が許容字体）である。

また、手書き字形（＝「筆写の楷書字形」）に対する手当てとしては、「しんにゅう」「しょくへん」に限らず、印刷文字字形と手書き字形との関係について、現行常用漢字表にある「（付）字体についての解説」、表外漢字字体表にある「印刷文字字形（明朝体字形）と筆写の楷書字形との関係」を踏襲しながら、実際に手書きをする際の参考となるよう、更に具体例を増やして記述した。

「しんにゅう」の印刷文字字形である「辶／⻌」に関して付言すれば、どちらの」の印刷文字字形であっても、手書き字形としては同じ「⻌」の形で書くことが一般的である、という認識を社会全般に普及していく必要がある。（「（付）字体についての解説」参照）

5　その他関連事項

以上のとおり改定常用漢字表を作成することに伴って、これに関連する漢字政策の定期的な見直しの必要性や、学校教育にかかわる漢字指導の扱いなどの問題については、次のように考えた。

(1) 漢字政策の定期的な見直し

現代のような変化の激しい時代にあっては、「言葉に関する施策」についても、定期的な見直しが必要である。特に漢字表のように現在進行しつつある書記環境の変化と密接にかかわる国語施策については、この点への配慮が必要である。今後、定期的に漢字表の見直しを行い、必要があれば改定していくことが不可欠となる。

この意味で、定期的・計画的な漢字使用の実態調査を実施していくことが重要である。漢字表の改定が必要かどうかについては、その調査結果を踏まえ、

①言語そのものの変化という観点
②言語にかかわる環境の変化という観点

という二つの観点に基づいて、社会的な混乱が生じないよう、慎重に判断すべきである。なお、②の変化とは具体的には、情報機器の普及によって生じた書記手段の変化等を指すものである。

(2) 学校教育における漢字指導

現行常用漢字表の「答申前文」に示された以下の考え方を継承し、改定常用漢字表の趣旨を学校教育においてどのように具体化するかについては、これまでどおり教育上の適切な措置にゆだねる。

常用漢字表は、その性格で述べたとおり、一般の社会生活における漢字使用の目安として作成したものであるが、学校教育においては、常用漢字表の趣旨、内容を考慮して漢字の教育が適切に行われることが望ましい。

なお、義務教育期間における漢字の指導については、常用漢字表に掲げる漢字のすべてを対象としなければならないものではなく、その扱いについては、従来の漢字の教育の経緯を踏まえ、かつ、児童生徒の発達段階等に十分配慮した、別途の教育上の適切な措置にゆだねることとする。(昭和56年3月23日国語審議会答申「常用漢字表」前文)

(3) 国語の表記にかかわる基準等

現行の常用漢字表の実施に伴い、各分野で行われてきている国語の表記や表現についての基準等がある場合、改定常用漢字表の趣旨・内容を踏まえ、かつ、各分野でのこれまでの実施の経験等に照らして、必要な改定を行うなど適切な措置を取ることが望ましい。

●プロフィール

小形克宏
（おがた・かつひろ）：1959年生まれ。和光大学人文学部中退。フリーライター。「印刷文字から符号化文字へ」（共著『活字印刷の文化史』勉誠出版、2009年）、「常用漢字表の改定と「漢字政策の玉突き現象」」（共著『新常用漢字表の文字論』勉誠出版、2009年）

比留間直和
（ひるま・なおかず）：1969年生まれ、早稲田大学第一文学部卒業、朝日新聞東京本社校閲センター次長兼用語幹事補佐。JISX0213の原案策定・改正に参画、社内では自社システムの漢字字体・文字コード担当も務める。

前川孝志
（まへかは・たかし）：昭和34（1959）年生まれ、國學院大學文学部卒業、都立桜修館中等教育学校。「漢字の『読み先習』を積極的に」（『TOSS高校通信』第9号、2005年）

関口正裕
（せきぐち・まさひろ）：1961年生まれ。電気通信大学大学院（工学修士）卒業後、1985年から富士通株式会社。日本語文書処理、文字コード、ソフトウェア国際化などいろいろと担当。現在はISOの文字コードに関する委員会（ISO/IECJTC1/SC2）に対する日本の対応委員会の委員長でもある。

萩原正人
（はぎわら・まさと）：1982年生まれ。名古屋大学大学院情報科学研究科にて博士号取得。楽天技術研究所。自然言語処理、とくに同義語獲得の研究開発に携わる。「モバイル検索システムのための絵文字に対する意味解析」（萩原正人、水野貴明『言語処理学会第16回年次大会予稿集』2010年）

師　茂樹
（もろ・しげき）：1972年生まれ。東洋大学大学院博士後期課程単位取得退学（文学修士）、花園大学准教授。「一般キャラクター論としての文字論の可能性」（共著『新常用漢字表の文字論』勉誠出版、2009年）、『情報歴史学入門』（共著、金壽堂出版、2009年）

書名——————論集文字 第1号 改訂版
副書名—————漢字の現場は改定常用漢字表をどう見たか
編集——————文字研究会
著者——————小形克宏／比留間直和／前川孝志／関口正裕／萩原正人／
師 茂樹
ブックデザイン——山田信也
発行——————2012年6月27日［第一版第一刷］
希望小売価格———2,400円+税
発行所—————ポット出版
150-0001 東京都渋谷区神宮前2-33-18#303
電話 03-3478-1774 ファックス 03-3402-5558
ウェブサイト http://www.pot.co.jp/
電子メールアドレス books@pot.co.jp
郵便振替口座 00110-7-21168 ポット出版
印刷・製本————シナノ印刷株式会社
ISBN978-4-7808-0181-1 C0081

Ronsyu Moji Vol.1 Revised Edition
Edited by Moji-kenkyuukai
Designer : YAMADA Shinya
First published in
Tokyo Japan, Jun. 27, 2012
by Pot Pub. Co. Ltd.

#303 2-33-18 Jingumae Shibuya-ku
Tokyo, 150-0001 JAPAN
E-Mail: books@pot.co.jp
http://www.pot.co.jp/
Postal transfer: 00110-7-21168
ISBN978-4-7808-0181-1 C0081

【書誌情報】
書籍DB●刊行情報
1 データ区分——1
2 ISBN——978-4-7808-0181-1
3 分類コード——0081
4 書名——論集文字 第1号 改訂版
5 書名ヨミ——ロンシュウモジダイ1ゴウカイテイバン
7副書名——漢字の現場は改定常用漢字表をどう見たか
13 著者名1——文字研究会
14 種類1——編
15 著者名1読み——モジケンキュウカイ
22 出版年月——201206
23 書店発売日——20120627
24 判型——4-6
25 ページ数——168
27 本体価格——2400
33 出版者——ポット出版
39 取引コード——3795

本文●ラフクリーム琥珀N 四六判・Y目・71.5kg（0.130）／スミ（マットインク）
表紙●ベルクール・山吹・四六判・Y目・95kg／スリーエイトブラック
カバー●里紙・きび・四六判・Y・100kg／スリーエイトブラック+TOYO 10614／グロスPP
帯●OKミルクリーム・ロゼ・四六判・Y目・73kg／スリーエイトブラック+TOYO 10614
はなぎれ●伊藤信男商店61番 スピン●伊藤信男商店57番
使用書体●ヒラギノ明朝Pro W3+ITC Garamond 游明朝体5号かな 游ゴシック体 Frutiger ITC Garamond Hoefler Text
2012-0101-1.0

ポット出版の本

日本の漢字のプリンシプル

定価●一、五〇〇円＋税

著●小池清治／なぜ常用漢字表は一つの原則（＝プリンシプル）をつらぬくことができないのだろうか？　漢字と日本語の歴史を紐とけば、その理由が見えてくる。漢字のユルさがよくわかる練習問題&解答付。

日本の公文書

開かれたアーカイブズが社会システムを支える

定価●一、八〇〇円＋税

著●松岡資明／国や行政法人の活動の記録である公文書を保存・公開するルールである「公文書管理法」。その成り立ちから、課題まで、日本の記録資料の現状を取材した日経新聞編集委員が書く体験的アーカイブズ論。

電子書籍と出版

デジタル／ネットワーク化するメディア

定価●一、六〇〇円＋税

著●高島利行、仲俣暁生、橋本大也、山路達也、植村八潮、星野渉、深沢英次、沢辺均／電子書籍の登場により、出版をめぐる状況はどう変わるのか？　さまざまな分野でその変化の最前線に立つ人びとに、「いま」を訊いた。